3·4학년이 꼭 알아야 할

초성 낱말 퍼즐

이붕 글 손종근 외 그림

효리원
hyoreewon.com

2025년 05월 30일 1판 5쇄 **펴냄**
2022년 02월 25일 1판 1쇄 **펴냄**

펴낸곳 (주)효리원
펴낸이 윤종근
글 이봉 **그림** 손종근 외
등록 1990년 12월 20일 · **번호** 2-1108
우편 번호 03147
주소 서울시 종로구 삼일대로 457, 406호.
전화 02)3675-5222 · **팩스** 02)765-5222
ⓒ 2015 · 2022, (주)효리원

잘못 만들어진 책은 구입하신 서점에서 바꾸어 드립니다.
ISBN 978-89-281-0713-1 74710

이메일 hyoreewon@hyoreewon.com
홈페이지 www.hyoreewon.com

머리말

　우리는 상대방의 뜻을 이해하고, 내 생각을 표현하며 살아가요. 이해의 방법에는 '듣기'와 '읽기'가 있고, 표현의 방법에는 '말하기'와 '쓰기'가 있지요. 이 모든 방법의 밑바탕에는 '낱말'이 있어요.

　낱말은 학교 공부를 잘하는 데도 가장 기본이 되는 요소예요. 왜냐하면 교과서의 내용을 이루고 있는 낱말 뜻을 잘 알아야 무슨 말을 하는지 알 수 있고, 그래야 공부가 쉬워지니까요. 따라서 초등학교 3, 4학년 때부터 낱말의 정확한 뜻을 알고 익히는 것은 무척 중요하답니다.

　이 책은 3, 4학년이 꼭 알아야 할 낱말만을 골라 초성 낱말 퍼즐로 구성했어요. 가로세로 풀이를 보고 어떤 낱말의 초성인지 알아내다 보면 어휘력도 풍부해지고, 교과서 이해력도 쑥쑥 자랄 거예요.

　3, 4학년 어린이 여러분, 절대 포기하지 말고 도전해 보세요~!

초성 낱말 퍼즐 단계

가로 길잡이

1 안부, 소식, 용건 등을 적어 보내는 글.
   전학 간 친구에게 ○○를 썼어요.
3 산에서 자라는 딸기. ○○○가 빨갛게 익었어요.
5 주먹을 휘둘러 위협하거나 때리는 짓.
   남자아이 둘이 서로 ○○○을 하며 싸웠어요.
6 하려던 일을 도중에 그만두어 버리는 것.
   아무리 힘들어도 ○○하지 말고 끝까지 하렴.

세로 길잡이

2 정해진 시각보다 늦게 출근하거나 등교함.
   늦잠을 자서 학교에 ○○했어요.
4 공기, 수증기처럼 일정한 형태가 없는 물질의 상태.
   고체, 액체, ○○.
5 액체로 된 약을 몸체에 넣는 기구.
   ○○○로 엉덩이에 주사를 맞았어요.
6 자줏빛, 푸른빛, 검은빛 따위의 구슬 모양 알이
   다닥다닥 붙어 커다란 송이가 되는 과일.
   이것을 말린 것이 건○○.

가로세로 길잡이 글을 잘 읽고 초성 낱말 퍼즐을 완성해 보세요.

초성 낱말 퍼즐 2 단계

가로 길잡이 →

1. 쓸데없이 듣기 싫게 꾸짖거나 참견하는 말.
   두말하면 ○○○지! ○○○ 좀 그만해!
3. 알→애벌레→번데기→성충으로 바뀌면서 자라는 곤충의 변태 과정. 배추흰나비의 ○○○를 관찰해요.
4. 주로 빨갛고 새콤달콤한 맛이 나는 둥근 과일.
   백설 공주는 독이 든 ○○를 먹었어요.
6. 동, 서, 남, 북의 네 방위를 함께 이르는 말.

세로 길잡이 ↓

2. 암컷 소. ○○가 새끼를 낳았어요.
3. 잔칫상이나 제사상에 놓는 한식 과자로, 밀가루나 쌀가루를 설탕이나 꿀에 반죽하여 기름에 튀긴 것.
4. 그리 된 까닭이나 형편.
   친구의 딱한 ○○을 듣고 마음이 아팠어요.
5. 사는 곳을 다른 데로 옮기는 것.
7. 학기나 학년이 끝난 뒤 일정 기간 동안 수업을 쉬는 일.
   여름 ○○. 겨울 ○○.

가로세로 길잡이 글을 잘 읽고 초성 낱말 퍼즐을 완성해 보세요.

초성 낱말 퍼즐 단계

가로 길잡이

1 남이 하는 말이나 행동을 그대로 따라 하는 짓.
3 공경하는 마음으로 삼가고 엄숙함.
   장례식장 분위기가 ○○○○.
4 목적을 이루려고 몸과 마음을 다하여 애를 쓰는 것.
6 미리 어림잡아 헤아림.
   내 ○○이 들어맞았어요. ㉫ 추측.
8 예로부터 불려 오는 전통적인 노래.
   「아리랑」은 우리나라의 대표적인 ○○예요.

세로 길잡이

2 어떤 내용을 소개하여 알려 줌.
   놀이공원에서 아이를 찾는 ○○ 방송을 했어요.
3 전에 겪어 지내 온 여러 가지 일.
   아저씨는 요리사 ○○이 30년이나 돼요.
5 잘하겠다고 마음을 굳게 가다듬어 정함.
   공부를 열심히 하겠다고 ○○했어요.
7 마음속으로 괴로워하고 애를 태움.
   ○○이 있으면 털어놓으렴. 무슨 ○○이라도 있니?

가로세로 길잡이 글을 잘 읽고 초성 낱말 퍼즐을 완성해 보세요.

정답은 16쪽에

초성 낱말 퍼즐 4 단계

가로 길잡이 →

2 부피와 모양이 있고 쉽게 변형되지 않는 물질의 상태.
나무, 돌, 쇠는 ○○, 물은 액체, 공기는 기체.

3 기침을 하고 코가 막히며 열이 나는 병.
날씨가 추우면 ○○에 잘 걸려요.

4 나무나 채소의 뿌리에 가까운 부분. ○○이 굵어요.

5 알맞고 바른 정도. 에어컨을 ○○ 온도로 맞춰요.

7 말을 할 때에 여는 입이나 말을 꺼내는 실마리.
너무 놀라서 ○○이 막혔어요.

세로 길잡이 ↓

1 일정한 형태를 가지고 있는 것.
책상 위에 이상한 ○○가 놓여 있었어요.

2 먹을 수 있는 동물의 살. 쇠○○. 돼지○○.

3 크게 느끼어 마음이 움직이는 것.
영화가 ○○○이에요. ○○○인 말씀을 해 주셨어요.

6 사실과 틀림이 없는 말. 참말.

8 의식주를 비롯하여 언어, 풍습, 종교, 학문, 예술, 제도 등을 포함하는 말. 우리 ○○유산을 지켜요.

가로세로 길잡이 글을 잘 읽고 초성 낱말 퍼즐을 완성해 보세요.

초성 낱말 퍼즐 5단계

가로 길잡이

2 부모님을 정성껏 섬김. 🔲효성. 🔲불효.

4 고장 나거나 허름한 데를 손보아 고침.
고장 난 우산을 ○○해요. 🔲수선.

5 사계절 중 두 번째 계절. ○○은 더워요.

7 어떤 것을 가진 사람. 🔲임자.

세로 길잡이

1 효모나 세균 따위 미생물의 분해 작용.
된장, 간장, 치즈 등은 몸에 좋은 ○○ 식품입니다.

3 다람쥐가 좋아하는 열매.
○○○로 묵을 쑤어요.

4 입 주변이나 턱 또는 뺨에 나는 털.
면도기로 ○○을 깎아요.

5 용이 물고 있다는 신비스러운 구슬.

6 혀나 손을 날쌔게 내밀었다 거둬들이는 모양.
뱀이 혀를 ○○거려요.

8 분별하고 판단하여 앎. 올바른 역사 ○○.

가로세로 길잡이 글을 잘 읽고 초성 낱말 퍼즐을 완성해 보세요.

정답은 16쪽에

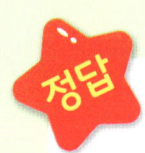

정답

1단계

		1 편	2 지		
			각		
3 산	딸	4 기			
		체			
			5 주	먹	질
			사		
		6 포	기		
		도			

2단계

		2 암		
	1 잔	소	리	
	3 한	살	5 이	
4 사	과		6 사	7 방
정				학

3단계

			2 안		
		1 흉	내		
	3 경	건	하	5 다	
4 노	력			6 짐	작
		7 고			
		8 민	요		

4단계

			1 물
		2 고	체
	3 감	기	
4 밑	동		
	5 적	6 정	
		7 말	8 문
			화

5단계

1 발				6 날
2 효	3 도		5 여	름
	토		의	
4 수	리		7 주	8 인
염				식

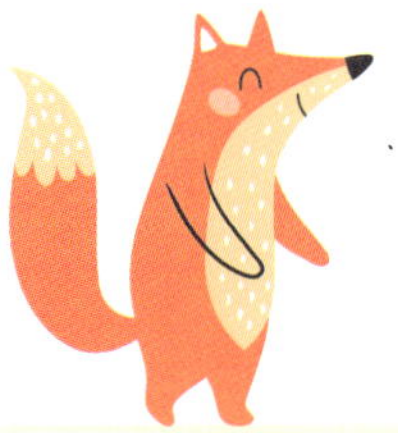

창의력 발달 초성 수수께끼 초성을 보고 정답을 써 보세요.

거꾸로 매달려 자라는 것은?

ㄱ ㄷ ㄹ

정답 : 고드름

다리도 하나 귀도 하나인 것은?

ㅂ ㄴ

정답 : 바늘

어휘력 발달 초성 낱말 찾기 퍼즐

1 먼동이 틀 무렵. 밤 12시부터 해가 뜨기 전의 시간.

2 새로 돋아나는 싹.

3 기쁜 일이 생겨 음식을 차려 놓고 함께 축하하는 일.

4 학교에서 신나게 뛰어놀 수 있는 넓은 마당.

초성을 보고 알맞은 낱말을 찾아 ☐로 묶으세요.

1 자기 수준에 넘치게 무엇을 탐내거나 가지려는 마음.
2 좋은 점이나 착하고 잘한 일을 높여서 평가하는 말.
3 인간의 지능을 갖춘 컴퓨터 시스템. AI라고도 함.
4 열을 이용해 구겨진 옷을 평평하게 다리는 기계.

정답: 1.욕심 2.칭찬 3.인공지능 4.다리미

초성 낱말 퍼즐 단계

가로 길잡이

1 영화, 연극에서 정해진 역할을 하는 사람.
  연기를 하는 ○○○들만 참석을 했어요. 비배우.
4 어떻게 하기로 마음을 굳게 정함. 비각오.
6 액세서리 따위로 치장함. 트리를 예쁘게 ○○하자!
7 곤란한 일을 당해도 결코 죽지 않음.
  죽었다가 다시 살아나는 ○○○이에요.
9 밀가루나 쌀가루에 설탕, 우유 등을 섞어 굽거나 기름에
  튀겨 만든 음식. 마트에서 사탕과 ○○를 샀어요.
10 부르거나 질문을 받으면 반응함. 묻는 말에 ○○을 하렴.

세로 길잡이

2 겁내지 않는 씩씩하고 굳센 기운. ○○를 내렴!
3 아무런 뜻이나 생각이 없이.
  ○○○ 한 말이에요.
5 남의 말에 덩달아 호응하거나 맞춰 줌.
  친구는 내 말에 ○○○를 잘 쳐요.
8 연극이나 영화에서 배우가 하는 말.

가로세로 길잡이 글을 잘 읽고 초성 낱말 퍼즐을 완성해 보세요.

초성 낱말 퍼즐 7 단계

가로 길잡이 →

1 예전에, 장가든 남자가 머리카락을 정수리 위에 틀어 감아 맨 것. 옛날에는 남자들이 ○○를 틀었어요.
3 학용품과 사무용품을 파는 곳. 🔴문구점.
4 쉽게 단념하지 않고 끈질기게 견디는 힘.
6 통이나 그릇 안에 넣을 수 있는 물건 부피의 최댓값. 이것은 1리터○○ 물병이에요.
7 무게를 다는 데 쓰는 기구. ○○로 몸무게를 재요.
8 실제로 경험하지 않은 현상이나 사물에 대하여 마음속으로 그려 봄. 종종 금메달을 따는 ○○을 해요. 🔴공상.

세로 길잡이 ↓

2 못마땅하여 떼를 쓰며 조르는 일. 앞으로는 반찬 ○○을 하지 않을게요.
3 문을 지키는 사람. ○○○가 문을 열어 주지 않았어요.
5 옛날에 방을 만들 때, 바닥에 까는 얇고 넓은 돌. 불을 지펴 ○○○이 따뜻해요. 🔴온돌석.
8 장사를 하는 사람. ○○이 물건을 팔아요.

가로세로 길잡이 글을 잘 읽고 초성 낱말 퍼즐을 완성해 보세요.

초성 낱말 퍼즐  단계

가로 길잡이 →

1 몸치장을 하는 데 쓰는 귀고리, 목걸이, 브로치 따위.
○○○가 화장대 위에 있어요.
4 새로 돋은 싹. 파릇파릇 ○○이 돋아요. ⓑ새순.
7 조심하지 아니하여 잘못함.
○○로 컵을 깨뜨렸어요.
9 우뭇가사리를 끓여 만든 것처럼 끈끈한 물질.
개구리알은 ○○○에 싸여 있어요.

세로 길잡이 ↓

2 임금을 섬기며 벼슬하는 사람.
임금 곁에는 늘 ○○가 있어요.
3 쓰이는 정도. 이 물건은 ○○○가 좋아요.
5 술래잡기에서, 숨은 사람을 찾아내는 사람.
6 무슨 일이나 행동의 처음 단계. ○○종이 울려요. ⓐ끝.
8 소금을 녹인 물.
10 옷감이나 조각품 따위를 장식하기 위한 여러 가지 모양.
예쁜 ○○를 그려 넣어요. ⓑ문양.

가로세로 길잡이 글을 잘 읽고 초성 낱말 퍼즐을 완성해 보세요.

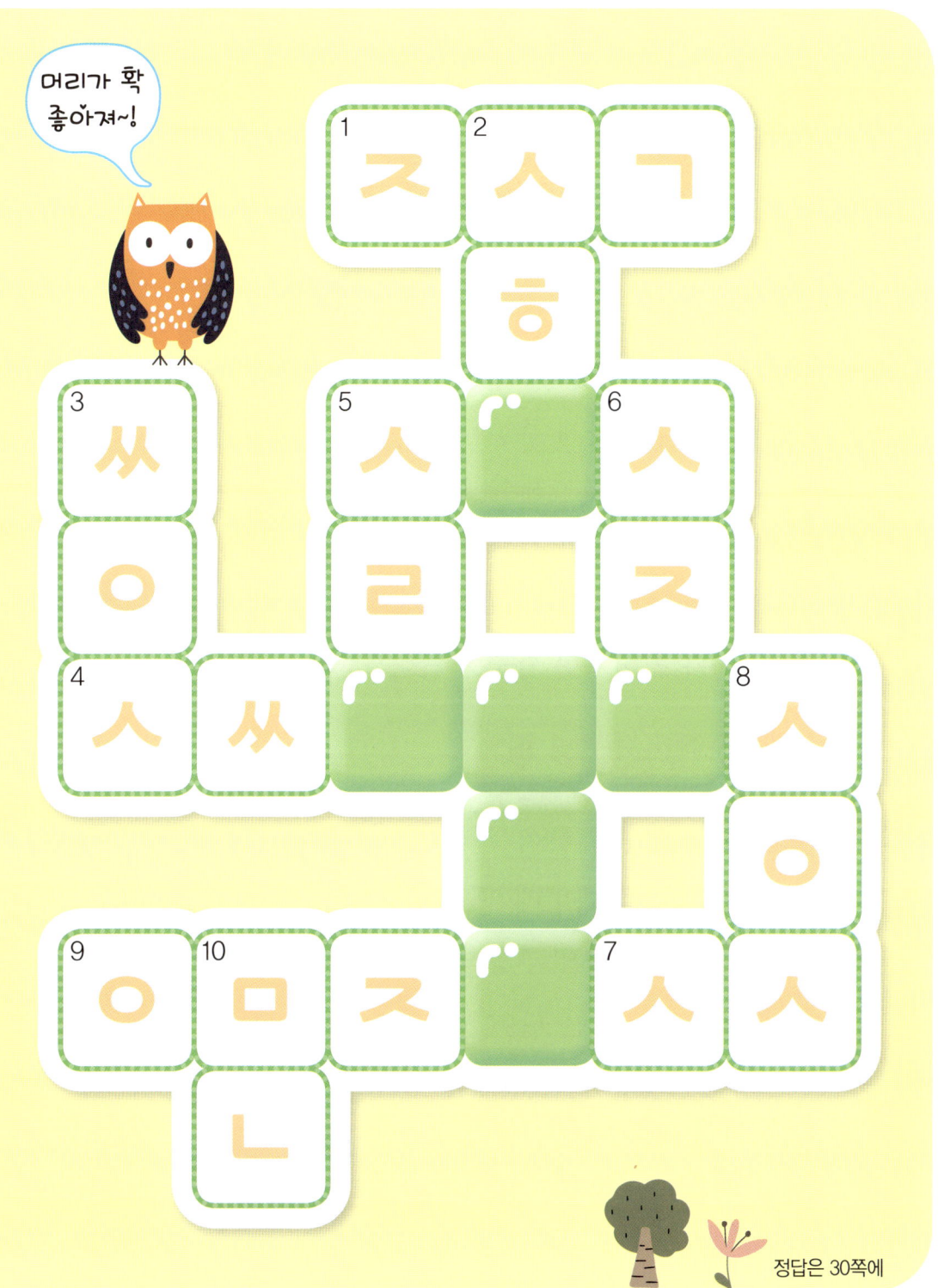

초성 낱말 퍼즐 단계

가로 길잡이

1. 부지런하고 끈기가 있는 태도로 계속함.
   매일 ○○○ 운동을 해요.
3. 개인 물품을 넣어 둘 수 있게 만든 곳.
   학용품을 ○○○에 넣어 두어요.
5. 어떤 부분을 강하게 주장함.
   꼭 기억하라고 ○○해서 말해요.
6. 높이가 낮고 납작한 그릇.
8. 등에 집을 지고 느릿느릿 기어 다니는 동물.
   ○○○가 기어가면 자국이 남아요.

세로 길잡이

2. 미리 마련해 놓는 물건.
   수업 ○○○을 가방에 챙겨요.
4. 위험에 빠진 사람을 구하는 조직. 119 ○○○.
7. 아주 짧은 시간. 친구는 ○○ 고민을 했어요.
8. 1년 동안의 달, 날짜, 요일과 행사 등이 적혀 있는 것.
9. 진흙이 쌓여서 딱딱하게 굳어 생긴 바위.
   바위 중에는 ○○이 있어요.

가로세로 길잡이 글을 잘 읽고 초성 낱말 퍼즐을 완성해 보세요.

정답은 30쪽에

초성 낱말 퍼즐 단계

가로 길잡이 ➡

1 남이 시키지 않아도 알아서 함.
○○○ 공부하고, ○○○ 청소를 해요.

4 하얀 건반과 검은 건반이 있는 악기.
○○○ 반주에 맞춰 노래를 불러요.

5 태어나서 죽을 때까지의 삶.
○○을 바쳐 봉사하는 사람도 있어요.

6 무엇을 알리는 일정한 부호, 소리, 몸짓.
교통 ○○에 따라 차가 다녀요.

8 물에서 사는 고기. ○○○는 지느러미가 있어요.

세로 길잡이 ⬇

2 사람과 차가 다닐 수 있도록 만들어 놓은 넓은 길.

3 넓이와 높이를 가진 물건이 공간에서 차지하는 크기.
○○가 커서 차에 싣지 못해요.

5 가치나 수준 따위를 평함.
외모만 보고 친구를 ○○하면 안 돼.

7 물이 괴어 있는 곳으로, 연못보다 훨씬 넓고 깊음.
잔잔한 ○○에 백조가 떠다녀요.

가로세로 길잡이 글을 잘 읽고 초성 낱말 퍼즐을 완성해 보세요.

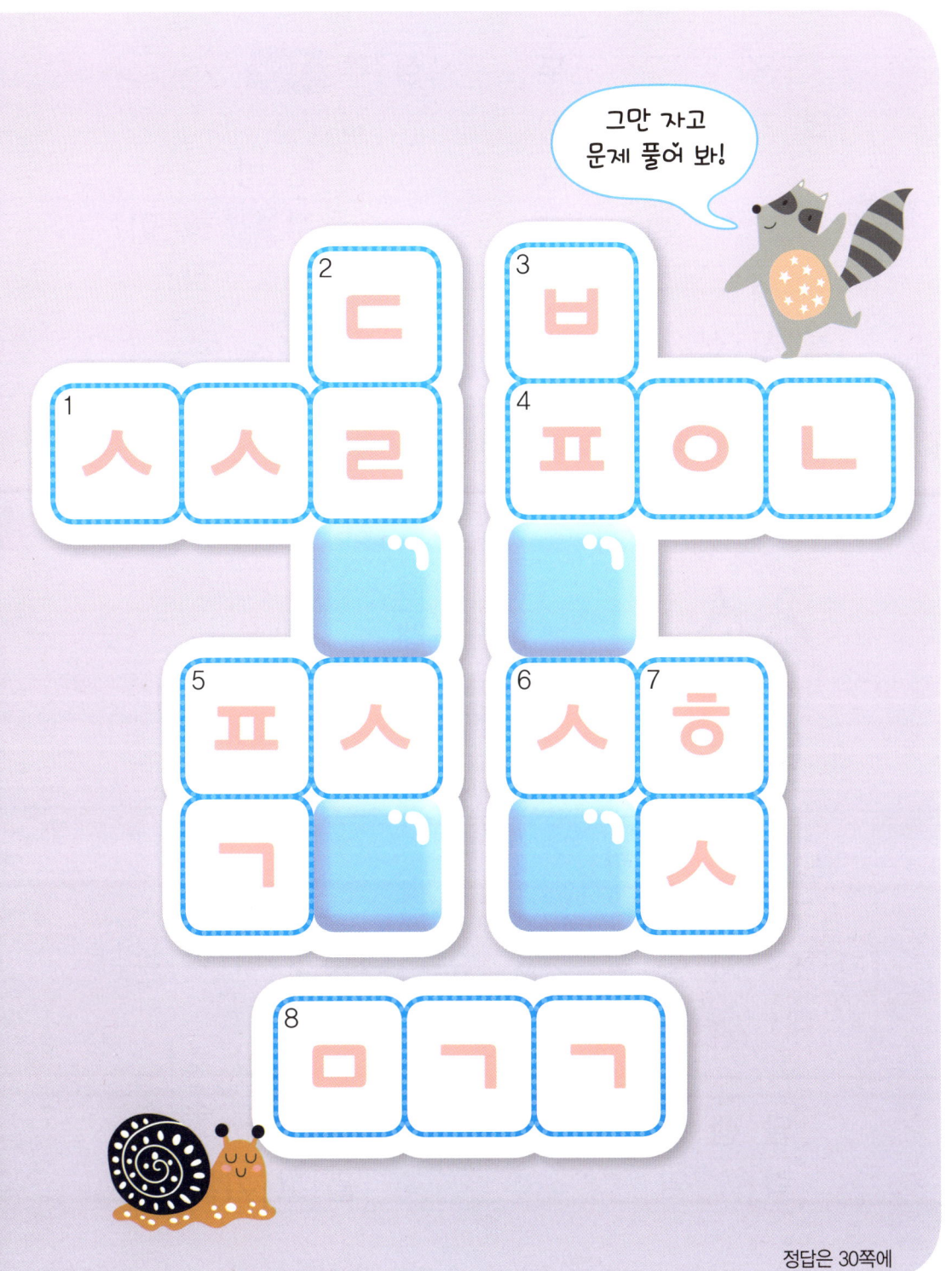

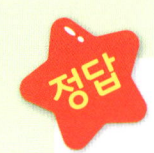

정답

6단계

	2 용				3 무
1 연	기	자		4 결	심
			5 맞		코
			6 장	식	
	8 대		구		
7 불	사	신			
			9 과	자	
	10 대	답			

7단계

1 상	2 투				
	정				
		3 문	방	5 구	
		지		6 들	이
	4 끈	기		장	
	7 저	울		8 상	상
				인	

8단계

		1 장	2 신	구	
			하		
3 쓰		5 술		6 시	
임		래		작	
4 새	싹				8 식
					염
9 우	10 무	질		7 실	수
	늬				

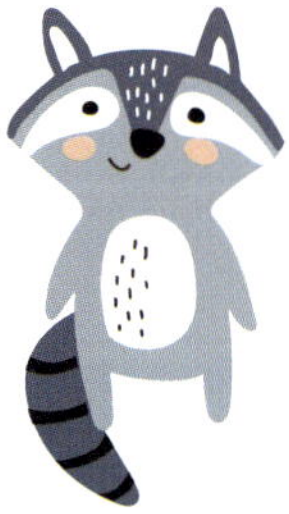

9단계

			1 꾸	2 준	히	
	4 구			비		
5 강	조		3 사	물	함	
	대					7 잠
					6 접	시
		8 달	팽	9 이		
		력		암		

10단계

		2 도	3 부		
1 스	스	로	4 피	아	노
	5 평	생	6 신	7 호	
	가			수	

8 물 고 기

창의력 발달 초성 낱말 퀴즈 초성을 보고 정답을 써 보세요.

크게 손해를 입거나 호되게 당하는 곤란.

개구쟁이 동생들에게 ○○을 먹었어!

정답 : 골탕

물건 위로 올라서거나 발끝만 디뎌서 키를 높아지게 함.

○○○을 해야 겨우 철봉에 손이 닿겠네.

정답 : 발돋움

시끄럽고 어수선한 것을 가리켜요.

○○ 그만 피우고 조용히 해!

정답 : 소란

어휘력 발달 초성 낱말 찾기 퍼즐

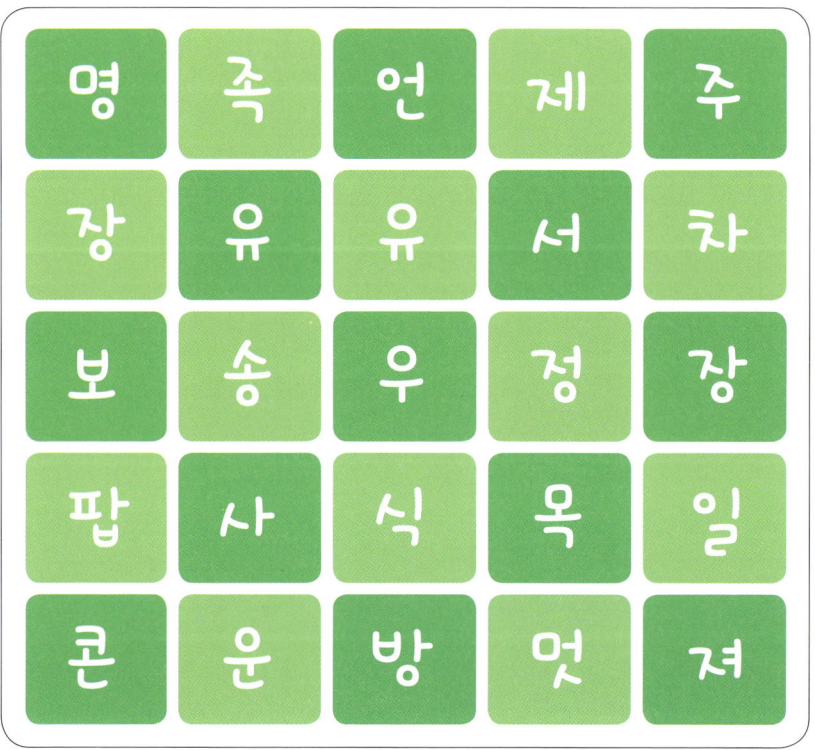

1 매년 4월 5일. 나무 심는 날.
2 옥수수 알갱이를 튀겨서 만든 간식.
3 차를 세워 두도록 마련한 공간.
4 어른과 어린이 사이에는 차례와 질서가 있다는 뜻의 사자성어.

초성을 보고 알맞은 낱말을 찾아 ☐로 묶으세요.

1 ㅅㅅㄱ 2 ㄱㅅ 3 ㅇㅅ 4 ㅇㄱㅂㄱ

1 몸에 가지고 다니는 얇고 네모난 천.
2 할 일에 대해서 어떻게 하기로 굳게 마음먹음.
3 서로 꼭 지키자고 새끼손가락을 걸고 하는 것.
4 짙고 옅은 여러 빛깔들이 한데 뒤섞여 있는 모양.

정답 : 1.손수건 2.결심 3.약속 4.알록달록

초성 낱말 퍼즐 단계

가로 길잡이 →

1 머리, 가슴, 배의 세 부분으로 나뉘며
더듬이, 날개, 다리가 있는 모든 벌레를 가리키는 말.
잠자리는 ○○이에요.

3 '오래 기다렸다가 마침내'라는 뜻.
그 일을 ○○○ 해냈다.

5 한쪽이 먼 눈. ○○○ 후크 선장!

6 바퀴를 달아서 굴러가게 만든 기구.
달구지는 소나 말이 끄는 짐○○예요.

세로 길잡이 ↓

2 남의 단점이나 잘못을 진심으로 타이르는 말.
○○를 해 주어서 고마워요!

4 '오뎅'은 일본말, 우리말은 ○○.

5 알에서 나온 후 아직 다 자라지 아니한 아기 벌레.
○○○가 꼬물꼬물.

6 물을 관을 통하여 보내 주는 시설.
물이 새지 않게 ○○꼭지를 잘 잠가요.

가로세로 길잡이 글을 잘 읽고 초성 낱말 퍼즐을 완성해 보세요.

초성 낱말 퍼즐 단계

가로 길잡이 ➡

1. '미처 생각할 겨를 없이 다급하게'라는 뜻.
   날이 흐려지더니 ○○○ 비가 내렸어요.
3. 그림을 그리는 종이. ○○○에 그림을 그려요.
4. 헝클어져서 갈피를 잡을 수 없을 만큼 어수선함.
   청소를 하지 않아 집이 ○○이에요.
6. 어떤 일에 관련된 사람들의 이름을 적어 놓은 것.
   참가자 ○○을 게시판에 붙여 놓았어요. 합격자 ○○.

세로 길잡이

2. 앉을 수 있게 만든 가구.
   책상과 ○○가 있어요. 🔴걸상.
3. 피하거나 쫓겨 달아남. 도둑이 ○○을 쳐요.
4. 목을 놓아 크게 우는 소리나 모양. 동생이 ○○ 울어요.
5. 일정한 지역을 가리키는 땅 이름.
   지도에 ○○이 적혀 있어요.
7. 그램이나 미터처럼 무게, 길이 등을 나타낼 때
   기초가 되는 일정한 기준.
   키를 나타내는 ○○는 센티미터예요.

가로세로 길잡이 글을 잘 읽고 초성 낱말 퍼즐을 완성해 보세요.

초성 낱말 퍼즐  단계

가로 길잡이

1 날아다닐 만큼 가늘고 보드라운 작은 티끌.
  이불을 털면 ○○가 나요.

3 글씨를 쓸 수 있는 모든 도구.
  수첩에 ○○○○로 메모를 해요.

4 몸이나 마음의 괴로움과 아픔.
  사람들은 전쟁으로 ○○을 겪었어요.

6 어찌 되는지 실제로 해 보는 것.
  과학실에서 ○○을 해 보아요.

8 사람이 먹을 수 있도록 만든 모든 것.
  남은 ○○을 버리면 안 돼요.

세로 길잡이

2 꿀꿀거리는 동물. 맛있는 제주도 흑○○.

3 필기도구를 넣는 통. ○○에서 연필을 꺼내요.

5 자기가 해야 할 맡은 바 책임. ㉾소임.
  아비 ○○을 제대로 했어요. 사람 ○○을 하렴.

7 어떤 사실이나 사람을 믿는 마음.
  친구는 ○○을 저버리지 않았어요.

초성 낱말 퍼즐 4 단계

가로 길잡이 ➡

2 옷을 꿰매는 데 쓰는, 가늘고 끝이 뾰족한 물건.
   ○○에 실을 꿰어요.

3 옷감, 종이, 머리털 등을 자르는 기구.
   색종이를 ○○로 잘라요.

4 어떤 일을 이루는 데 들인 노력, 수고, 공.
   아빠가 회사에서 ○○상을 받았어요. 공적.

5 물에서 헤엄치기. 해수욕장에서 ○○을 해요.

7 무엇을 널리 알리는 일.
   지금 텔레비전에서 아이스크림 ○○를 하고 있어요.

세로 길잡이 ⬇

1 해가 비치지 않는 어두운 부분.
   시원한 나무 ○○ 밑에서 쉬어요.

2 커다란 돌. 거인이 무거운 ○○를 번쩍 들어 올려요.

3 길을 따라 줄지어 심은 나무.

6 자랑스럽고 빛나는 영예로움. 우리 가문의 ○○이에요.

8 승려, 무당, 농악대들이 머리에 쓰는, 위 끝이
   뾰족하게 생긴 모자. 하얀 ○○을 쓴 무당!

가로세로 길잡이 글을 잘 읽고 초성 낱말 퍼즐을 완성해 보세요.

초성 낱말 퍼즐 단계

가로 길잡이 ➡

2 마음에 차지 않아 못마땅하게 여기는 것. ⓑ불평.
4 나무에 흑연을 넣어 만든 필기도구.
5 소나무에서 나오는 끈적끈적한 액체.
  소나무 껍질을 벗기면 ○○이 나와요.
7 지구의 표면, 땅거죽.
  태양열에 ○○가 데워져 날이 더워요.

세로 길잡이 ⬇

1 어수선하게 엉클어진 수풀. 토끼가 ○○ 속으로 숨어요.
3 잉크를 채워 가며 오래도록 사용할 수 있는 필기도구.
  ○○○은 펜촉으로 잉크가 나와요.
4 나이의 높임말.
5 아직 덜 자란 어린 소. ○○○가 어미 소를 따라가요.
6 물체를 찍어 오랫동안 보존할 수 있게 만든 영상.
  어제 가족○○을 찍었어요.
8 표를 하여 겉으로 드러내 보이는 것.
  책장을 접어 읽던 곳을 ○○해 두어요.

가로세로 길잡이 글을 잘 읽고 초성 낱말 퍼즐을 완성해 보세요.

1단계
곤충
　고
드디어
　묵
　애꾼눈
　벌
수레
도

2단계
　　의
갑자기
　도화지
엉망　명단
엉　　　위

3단계
　돼
먼지
　필기도구
고통　　실험
　　믿
　　음식

4단계
　　그
　바늘
　가위
공로
수영
광고
　깔

5단계
덤　　　사
불만　송진
　년　아
연필　지표
세　　　시

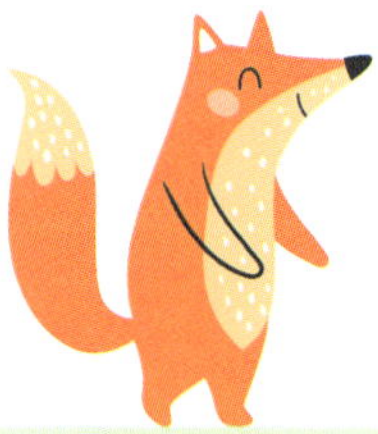

창의력 발달 초성 미로

미로를 따라가며 답을 맞혀 보세요.

어휘력 발달 초성 낱말 찾기 퍼즐

1 ㄱㄹ 2 ㅇㅅ 3 ㄱㄱㄱㄹ 4 ㅈㄱ

1 ○○ 싸움에 새우 등 터진다.
2 확실히 알 수 없어서 믿지 못하는 마음.
3 태극기 네 귀퉁이에 그려진 문양을 통틀어 부르는 말.
4 두 직선이 수직으로 만나서 생기는 90도의 각.

정답: 1. 고래 2. 의심 3. 건곤감리 4. 직각

초성을 보고 알맞은 낱말을 찾아 ◯로 묶으세요.

1 이름을 지어서 부르는 말을 뜻해요.

2 엄마의 여동생이나 언니를 부르는 말.

3 발로 밟아서 남은 흔적을 말해요.

4 폴짝폴짝 뛰어서 긴 줄을 넘는 운동.

정답 : 1.호칭 2.이모 3.발자국 4.줄넘기

초성 낱말 퍼즐 단계

가로 길잡이 ➡

1 단체 경기에서, 상대편 공격을 막는 선수.
   들어오는 공을 ○○○가 막아요.
4 고춧가루를 만드는 열매채소.
6 넉넉하여 남음이 있는 상태.
   일찍 일어났더니 시간에 쫓기지 않고 ○○가 있어요.
7 차례나 방향, 또는 일의 형편 등이 반대로 되게.
   아기가 옷을 ○○○ 입어요.
9 여럿 중에서 맨 마지막에 태어난 사람. ⑪만이.
10 가루에 물을 부어 치대며 갠 것.
   밀가루 ○○을 방망이로 얇게 밀어요.

세로 길잡이

2 무엇을 하는 데 갖추어야 할 도구.
   등산 ○○를 마련해요.
3 한가위처럼 추석 명절을 가리키는 또 다른 말.
5 짚을 썰어 소나 말에게 주는 먹이.
8 여러 번 반복하거나 끊임없이 계속하여.
   감기에 걸렸는지 ○○ 기침을 했어요.

가로세로 길잡이 글을 잘 읽고 초성 낱말 퍼즐을 완성해 보세요.

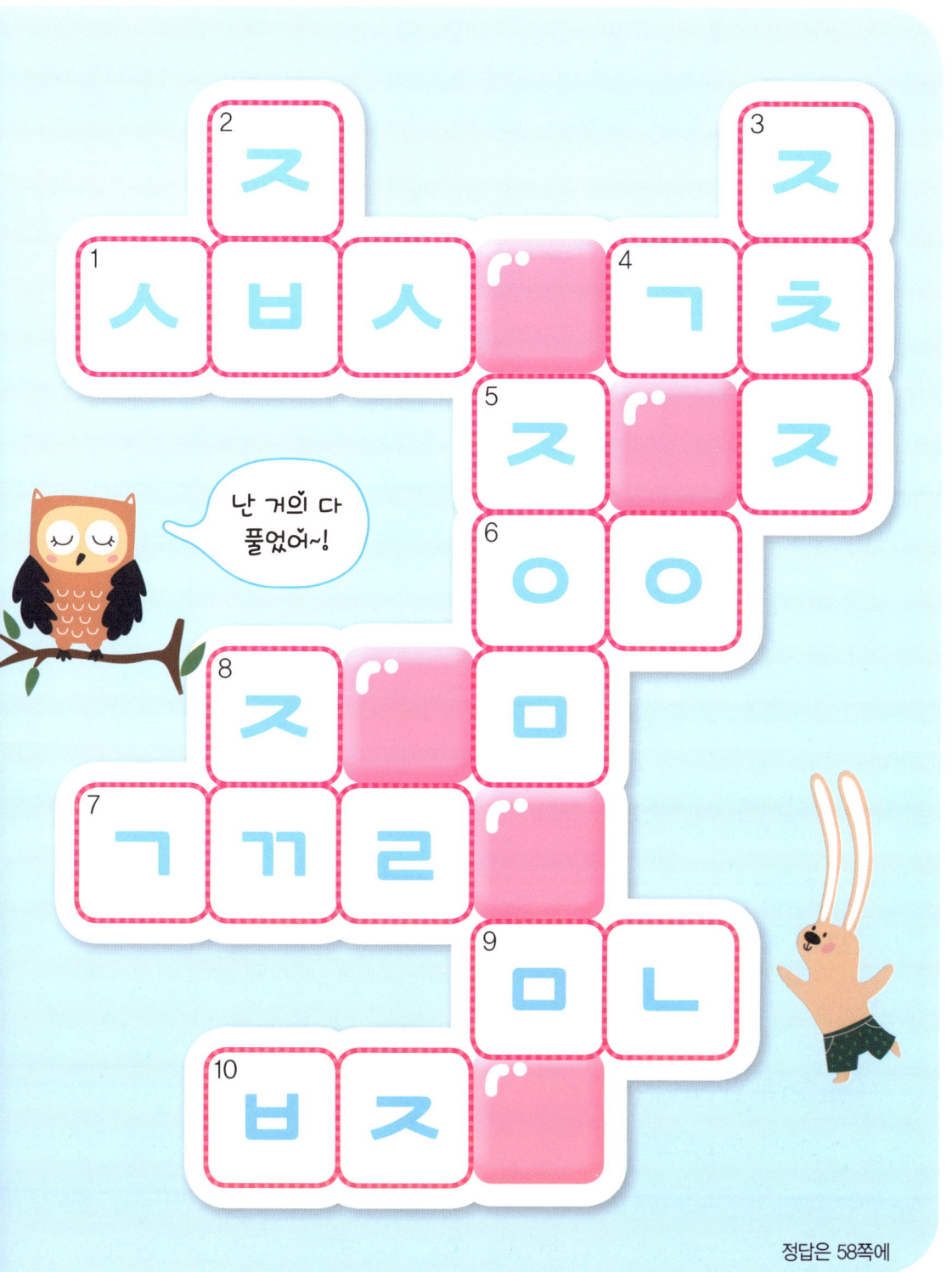

초성 낱말 퍼즐 7 단계

가로 길잡이 ➡

1 겉으로 보이는 면. 상자 ○○에만 색칠해요.
3 숙제, 행사, 준비물 등 알리는 내용을 적는 공책.
   선생님 말씀을 ○○○에 적어요.
4 동물이 살아가기 위해 먹어야 할 거리. 먹을거리.
6 마주 대하고 말을 주고받음.
   가족끼리 ○○를 나누면 화목해요.
7 다른 사람과 앞으로 어떻게 할 것인가를 미리 정하여 둠.
   ○○은 꼭 지켜야 해요.
8 액체 속에 기체가 들어가 부풀어서 생긴 속이 빈 방울.
   음료를 흔들면 ○○이 일어요. ㉑기포.

세로 길잡이 ⬇

2 만나서 이야기함. 엄마는 선생님과 ○○ 중이에요.
3 열매나 곡식 따위의 낱알. 수수 ○○○가 여물었어요.
5 장대처럼 굵고 거세게 좍좍 내리는 비. ㉑작달비.
8 '아무런 노력이나 대가 없이'라는 뜻.
   돈도 안 받고 ○○ 주었어요!

가로세로 길잡이 글을 잘 읽고 초성 낱말 퍼즐을 완성해 보세요.

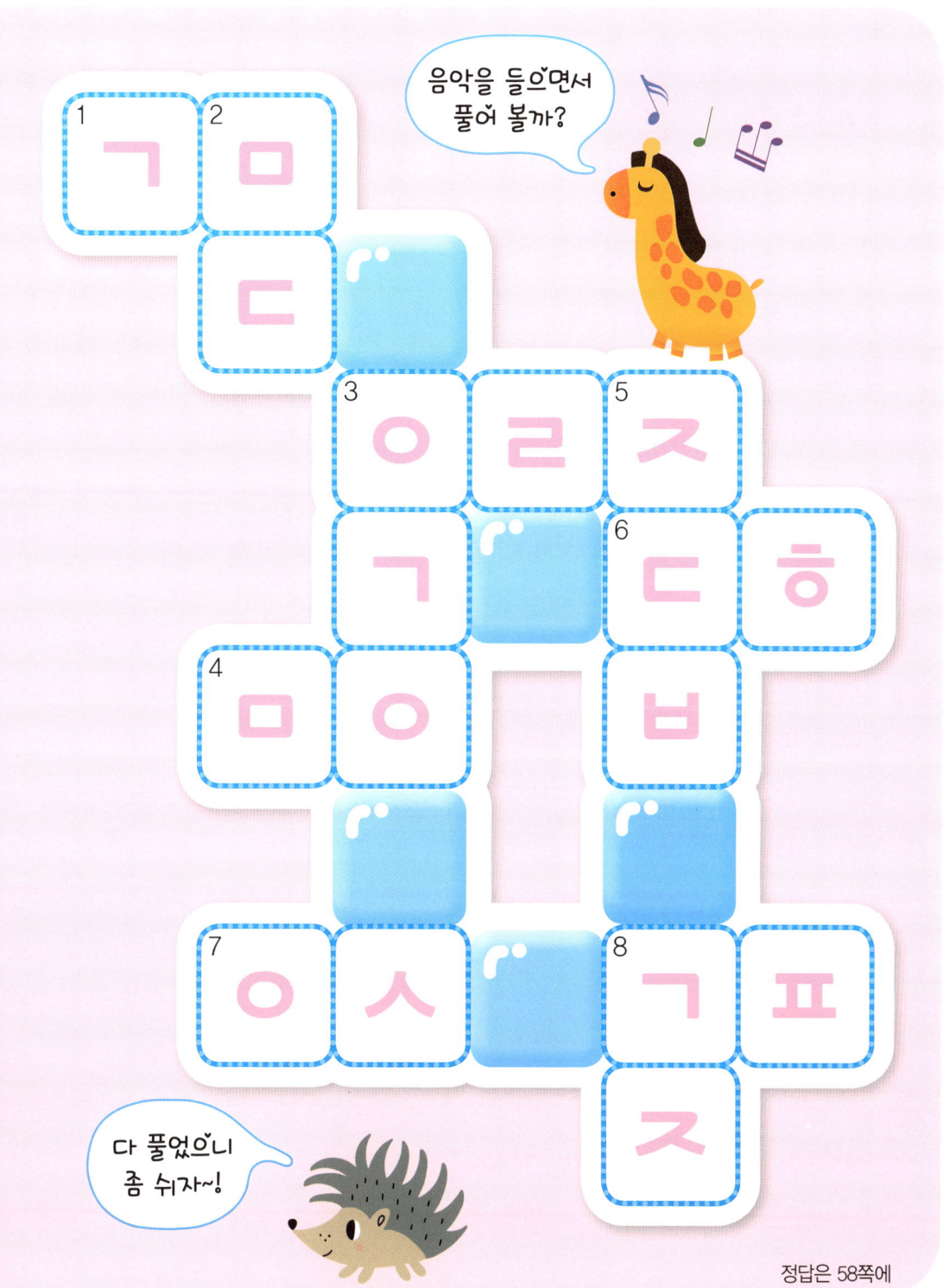

초성 낱말 퍼즐 단계

가로 길잡이 ➡

1. 급식을 먹는 교실.
   점심시간이 되면 ○○○로 가요.
4. 다른 물건이 닿거나 묻어서 새로 생긴 흔적.
   눈 위에 발○○이 생겨요.
7. 마음속으로 이리저리 따져 보고 골똘히 생각함.
   어떻게 하면 좋을지 ○○해요.
9. 병을 치료하기 위하여 약을 짓는 방법을 적은 종이.
   ○○○을 가지고 약국으로 가요. ㊗처방서.

세로 길잡이

2. 신맛이 나는 액체 조미료. 냉면에 ○○를 넣어요.
3. 알파벳의 작은 글씨체. 대문자 말고 ○○○.
5. 시력이 나쁜 사람이 쓰는 물건.
6. 예의에 관한 모든 절차나 질서.
   나는 인사 잘하는 ○○ 바른 어린이! ㊗예법.
8. 몸집이 크고, 긴 코와 상아를 가진 육지 동물.
10. 남의 일을 간섭하고 막아 해를 끼침.
    도움은커녕 ○○만 돼요.

가로세로 길잡이 글을 잘 읽고 초성 낱말 퍼즐을 완성해 보세요.

정답은 58쪽에

초성 낱말 퍼즐 단계

가로 길잡이 →

1 돈이나 재물을 쓰지 않는 매우 인색한 사람.
 ○○○ 영감 스크루지.
3 새의 꽁지와 깃을 함께 부르는 말.
5 남의 아내를 높여 부르는 말. 또는 남자가
 자기 아내를 이르는 말.
6 안으로 들어가는 통로. 화장실 ○○.
8 조마조마하며 졸이는 마음.
 합격자 발표를 기다리느라 ○○○이 나요.

세로 길잡이

2 땅속에 굴을 파고 사는 두더짓과의 동물.
 ○○○가 땅굴을 파요.
4 주인을 높여서 부르는 말. ○○○, 계신가요?
7 곡식을 넣고 절굿공이로 빻거나 찧는 도구.
 옛날에는 ○○에 곡식을 찧었어요.
8 돌아가신 부모님 위로 대대의 어른들.
9 마음과 몸을 함께 이르는 말.
 ○○이 지쳐 휴식이 필요해요.

가로세로 길잡이 글을 잘 읽고 초성 낱말 퍼즐을 완성해 보세요.

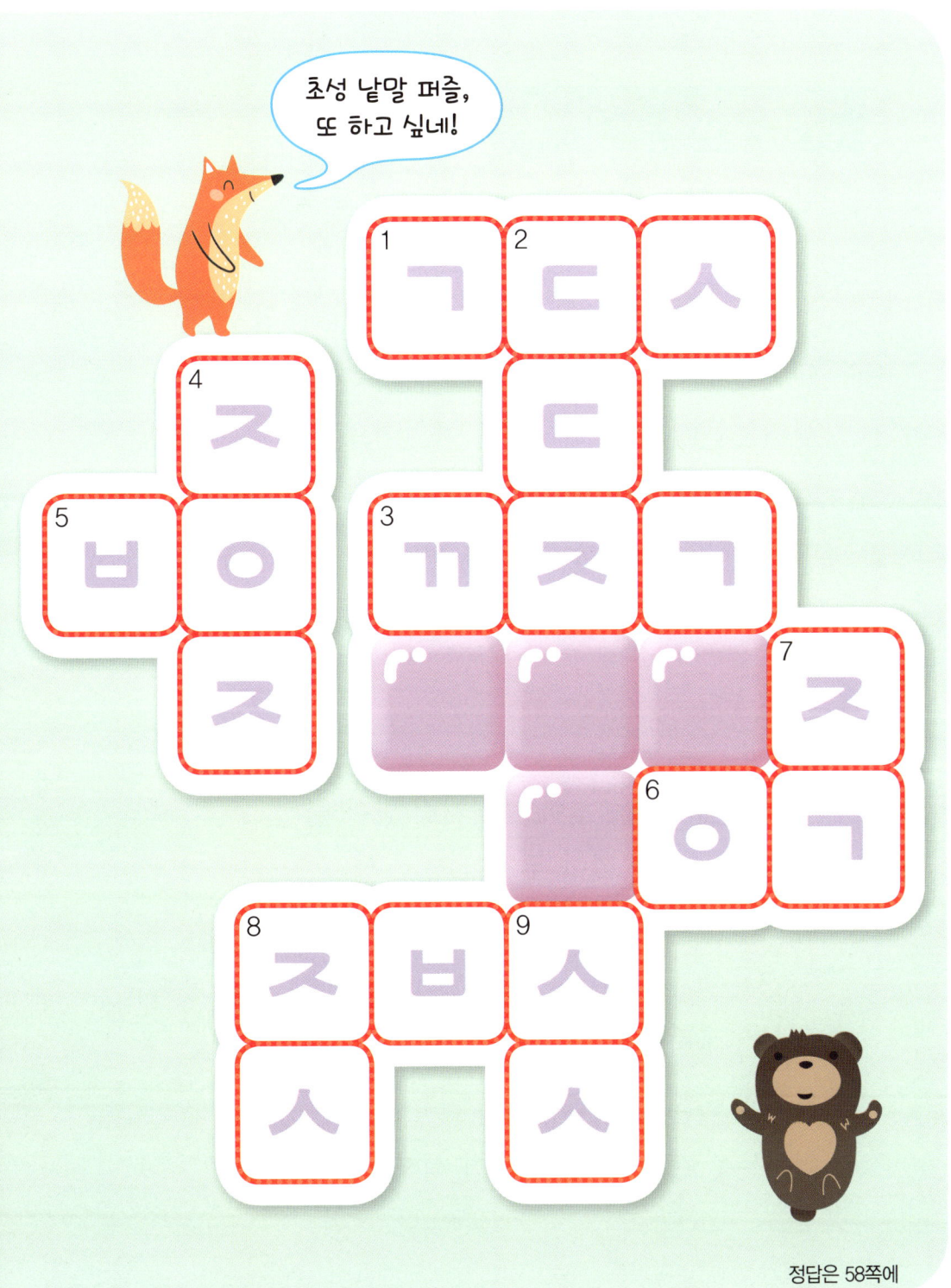

초성 낱말 퍼즐  단계

가로 길잡이

1 남의 보호나 간섭을 받지 않고 스스로 함.
　　○○○인 사람이 되고 싶어요.
4 아이들이 가지고 노는 여러 가지 물건. 완구.
5 옛날에 밥과 술을 팔고, 나그네를 묵게 하던 집.
　　선비는 ○○에서 하룻밤을 묵었어요.
6 가늘게 벌어진 틈의 사이.
　　마룻바닥 ○○로 동전이 빠졌어요.
8 반대되는 방향이나 반대되는 쪽에 있는 곳.

세로 길잡이

2 짚이나 새끼줄을 엮어 자리처럼 만든 물건.
　　창고에 ○○을 깔아 두었어요.
3 마음을 조이고 정신을 바짝 차리는 상태.
　　○○을 풀고 자연스럽게! ○○으로 손에 땀이 났어요.
5 어떤 장소의 둘레를 가리키는 '주위'와 같은 뜻.
7 동이 트려는 이른 아침.
　　엄마는 ○○에 일어나 아침 식사를 준비해요.

가로세로 길잡이 글을 잘 읽고 초성 낱말 퍼즐을 완성해 보세요.

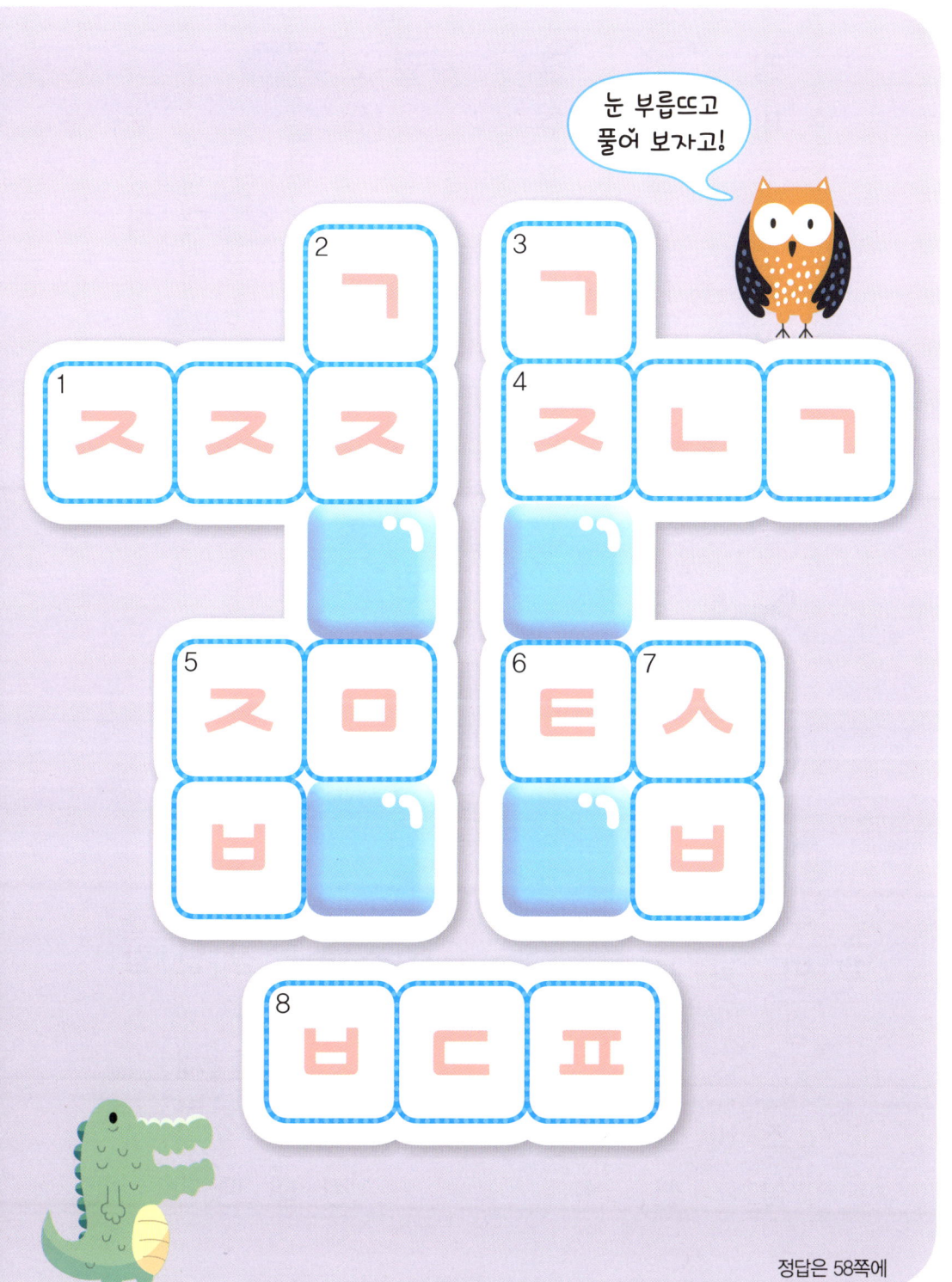

6단계

² 장
¹ 수 비 수 ⁴ 고 ³ 중
⁵ 짚 추
⁶ 여 유 절
⁸ 자 물
⁷ 거 꾸 로
⁹ 막 내
¹⁰ 반 죽

7단계

¹ 겉 ² 면
담
³ 알 림 ⁵ 장
갱 ⁶ 대 화
⁴ 먹 이 비
⁷ 약 속 ⁸ 거 품
저

8단계

¹ 급 ² 식 실
초
⁵ 소 ³ 안 ⁶ 예
문 경 절
⁴ 자 국 ⁸ 코
끼
⁹ 처 ¹⁰ 방 전 ⁷ 궁 리
해

9단계

¹ 구 두 ² 쇠
⁴ 주 더
⁵ 부 인 ³ 꽁 지 깃
장 ⁷ 절
⁶ 입 구
⁸ 조 바 ⁹ 심
상 신

10단계

² 거 ³ 긴
¹ 자 주 적 ⁴ 장 난 감
⁵ 주 막 ⁶ 틈 새
변 벽
⁸ 반 대 편

창의력 발달 초성 속담 퀴즈   초성을 보고 정답을 써 보세요.

불난 데 ○○○한다.

정답: 부채질

낫 놓고 ○○ 자도 모른다.

정답: 기역

계란으로 ○○ 치기

정답: 바위

천 리 길도 ○ ○○부터

정답: 한 걸음

어휘력 발달 초성 낱말 찾기 퍼즐

1 물건이 피부에 닿아서 느껴지는 감각.

2 혀로 맛을 보고 느끼는 감각.

3 굳게 마음먹지만 사흘을 가지 못한다는 뜻의 사자성어.

4 사람이나 사물의 모양을 흉내 낸 말을 뜻해요.

정답 : 1.촉각 2.미각 3.작심삼일 4.의태어

초성을 보고 알맞은 낱말을 찾아 ◯로 묶으세요.

1 앞으로 다가올 날들.
2 악기를 다루어 음악을 표현하거나 들려주는 일.
3 호두나무의 열매. 맛이 고소하고 영양가가 높아요.
4 제도와 법규에 따라 학생들에게 교육을 하는 곳.

정답 : 1.미래 2.연주 3.호두 4.학교

초성 낱말 퍼즐 단계

가로 길잡이

1 나무 따위에서 열리고 사람이 먹을 수 있는 열매.
과수원에서 ○○을 따요.

3 우리 집 가까이에 있는 집.
○○○에서 웃는 소리가 들려요.

5 음악을 하는 사람. ○○○가 곡을 만들어요.

6 나무로 집을 짓거나 가구를 만드는 기술자.
○○가 톱질을 해요.

세로 길잡이

2 그날그날 일어난 일이나 생각, 느낌 등을 적는 글.
하루 동안의 일을 ○○장에 적어요.

4 물건을 집는 데 쓰는, 끝이 두 가닥으로 갈라진 도구.
○○로 쓰레기를 집어요.

5 물이나 주스처럼 마실 수 있는 액체.
목이 말라 차가운 ○○○를 마셨어요.

6 사람이나 동물이 숨을 쉬며 살아 있는 힘.
죄인이 ○○만 살려 달라고 빌어요.

가로세로 길잡이 글을 잘 읽고 초성 낱말 퍼즐을 완성해 보세요.

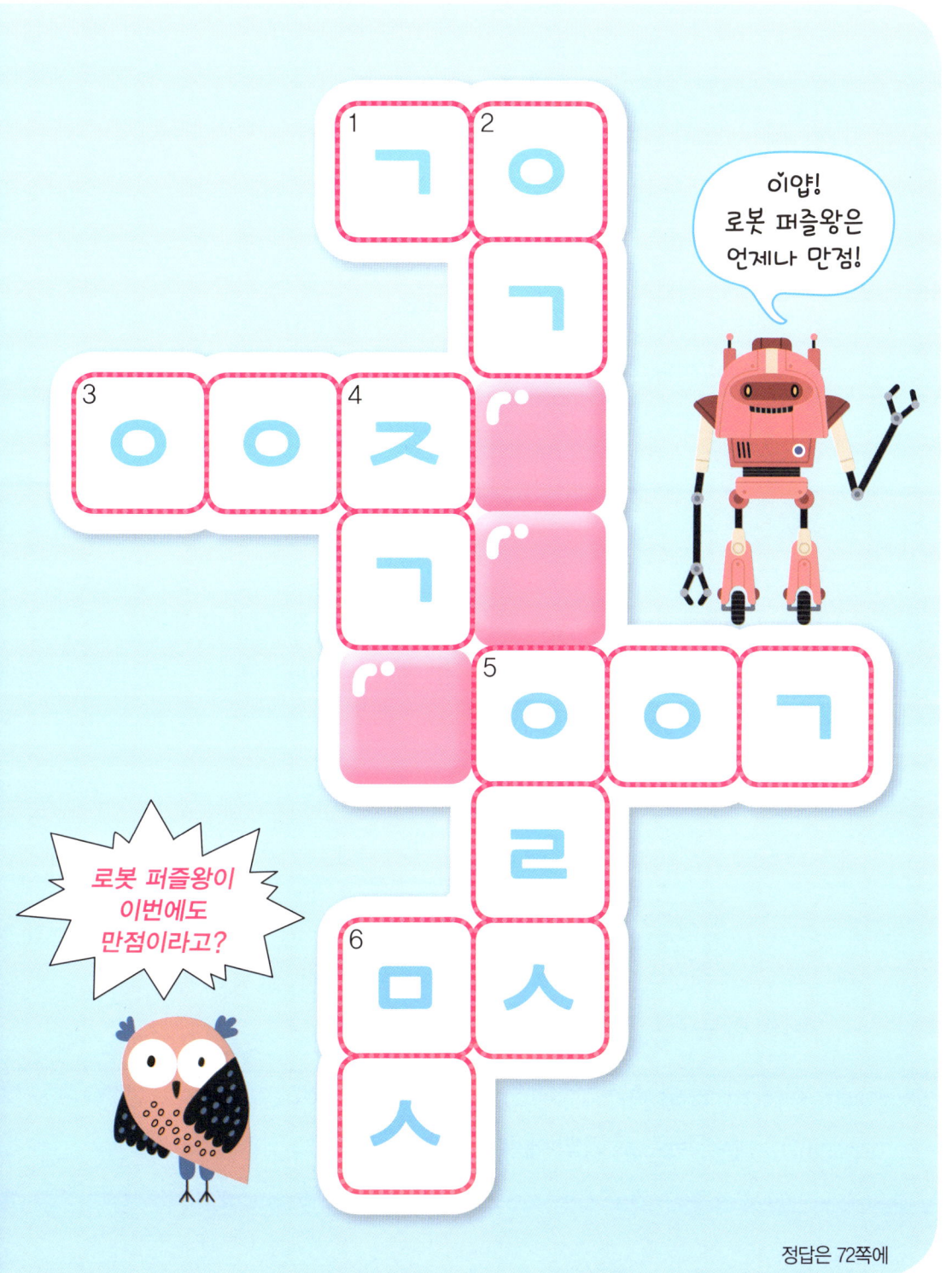

정답은 72쪽에

초성 낱말 퍼즐  단계

가로 길잡이 →

1 원의 한가운데 길이인 지름의 반.
3 자석의 성질로 방향을 알려 주는 기기.
　○○○ 바늘은 남북을 가리켜요.
4 학식은 있으나 벼슬하지 않은 사람을 이르던 말.
　○○는 날마다 책을 읽어요.
6 배운 것을 다시 공부하여 익힘. 예습.

세로 길잡이 ↓

2 전통 혼례에서 신부가 이마 가운데 연지로 찍는 붉은 점. 연지 ○○ 찍고 시집가요.
3 팔랑팔랑 날아서 꽃을 찾아다니는 곤충.
4 여럿 가운데서 골라 뽑는다는 뜻.
　축구 국가 대표 ○○ 대회.
5 똑같은 일이나 행동을 계속하여 여러 번 되풀이함.
　어려워도 ○○하면 쉬워져요.
7 지층이 물결 모양으로 주름이 지는 현상.
　○○은 주로 퇴적암에서 많이 나타나요.

가로세로 길잡이 글을 잘 읽고 초성 낱말 퍼즐을 완성해 보세요.

정답은 72쪽에

초성 낱말 퍼즐 단계

가로 길잡이

1 무기 쓰기, 주먹질, 발길질 등 싸움에 관한 기술.
  검도도 ○○의 한 종류예요.
3 삼각형이나 원처럼 입체가 아닌 평면에 그려진 도형.
4 소리 없이 빙긋이 웃는 웃음.
  이웃을 만나면 ○○를 지어요.
6 공정하지 못하고 한편으로 치우친 생각.
  ○○을 버리고 판단해요.
8 콩으로 만든 음식으로 부드럽고 물렁물렁함.
  ○○ 부침은 고소한 게 정말 맛있어요.

세로 길잡이

2 그림 · 조각 · 공예 · 서예 등을 배우는 과목.
3 특별한 일이 없는 보통 때. ㉑평상시.
5 일이 되어 가는 상태나 결과.
  집안 ○○이 좋아지면 가구를 새로 살 거예요.
7 어떤 일에 온 정신을 기울여 열중함. ㉑골몰.
  게임에 ○○하여 시간 가는 줄을 몰랐어요.

가로세로 길잡이 글을 잘 읽고 초성 낱말 퍼즐을 완성해 보세요.

초성 낱말 퍼즐 4 단계

가로 길잡이 ➡

2 울 때 눈에서 나오는 액체.

3 어떤 대상의 쓸모나 값어치.
   할 만한 ○○가 있는 일이에요.

4 꽃을 심어 가꾸는 그릇. 꽃을 심은 ○○에 물을 주어요.

5 어떤 목적을 이루기 위한 방법.
   비행기는 하늘을 나는 교통○○이에요.

7 추운 정도.
   ○○를 견디려면 두꺼운 옷을 입으렴. ⓐ더위.

세로 길잡이 ⬇

1 사람이 살거나, 일을 하거나, 물건을 넣어 두기 위해
   지은 모든 집. 대도시에는 높은 ○○이 많아요.

2 남의 마음을 그때그때 상황으로 미루어 알아내는 것.
   너는 ○○가 빠르구나. 동생이 ○○채기 전에 숨겨라.

3 분모보다 분자가 큰 분수. 은 ○○○예요.

6 옷고름이나 끈 대신 옷의 한쪽에 달아 구멍에 끼우는 물건.
   첫 ○○를 잘 끼워야 옷을 똑바로 입을 수 있어요.

8 해로움이 생길 우려가 있음. ○○한 곳에 가면 안 돼.

가로세로 길잡이 글을 잘 읽고 초성 낱말 퍼즐을 완성해 보세요.

정답은 72쪽에

초성 낱말 퍼즐 단계

가로 길잡이 →

2 문제나 일을 잘 해명하여 결론을 냄.
   어려운 일도 잘 ○○해요.

4 우리나라 고유의 음식.
   할머니는 양식보다 ○○을 좋아해요.

5 근본이 되는 이치나 근거.
   나침반의 ○○는 자석의 성질이에요.

7 까닭, 근거, 변명. 친구와 싸운 ○○를 말하렴.

세로 길잡이

1 본래의 의도와 다르게 알거나 잘못 이해함.
   서로 ○○를 해서 벌어진 일이에요.

3 부부가 되는 식. 예식장에서 ○○○을 올려요.

4 걱정스럽거나 긴장될 때 몰아서 길게 내쉬는 숨.
   답답해서 ○○이 절로 나와요.

5 바나나를 좋아하며 나무 위에 사는 동물.
   ○○○는 사람처럼 손을 사용해요.

6 서로 지켜야 할 도리. ○○의 사나이.

8 죽기 전에 남기는 말. ○○장이 공개되었어요.

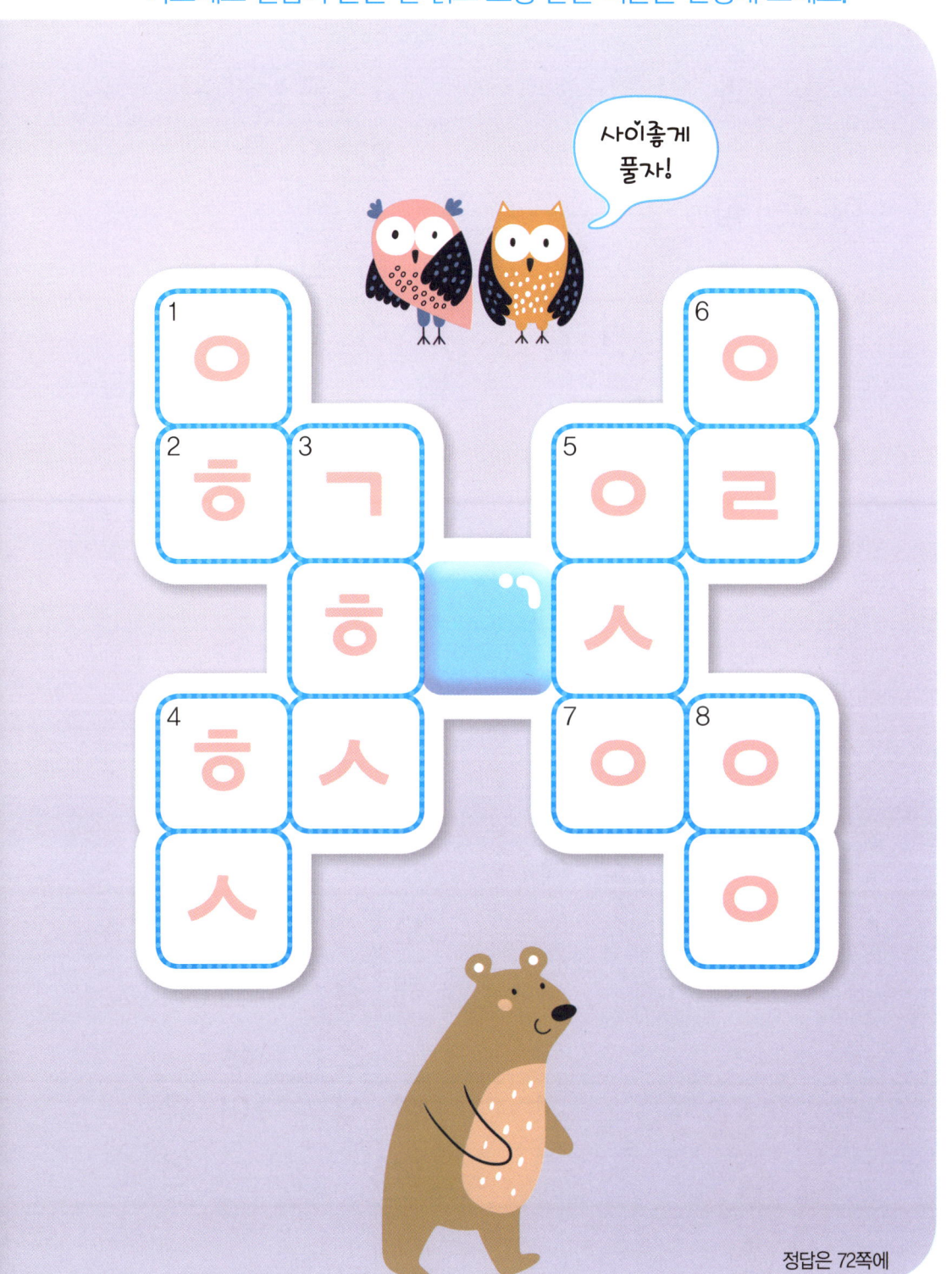

1단계
과일
기
이웃집
게
음악가
료
목수
숨

2단계
곤
반지름
나침반
선비 복습
발 곡

3단계
미
무술
평면도형
미소 편견
몰
두부

4단계
건
눈물
가치
화분
수단
추위
험

5단계
오 의
해결 원리
혼 숭
한식 이유
숨 언

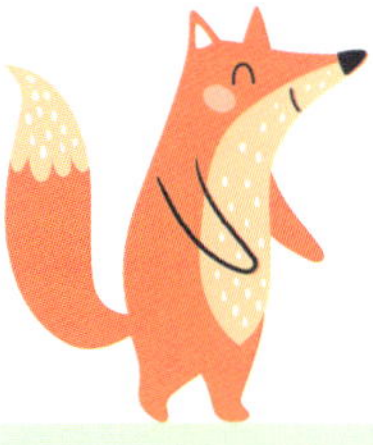

창의력 발달 초성 낱말 퀴즈 초성을 보고 정답을 써 보세요.

자신의 능력을 스스로 믿어서 당당함.

우리 학교 학생인 것에 ○○를 가지세요!

정답: 자신

사람이나 사물을 다른 사람이나 사물로 대신함.

로봇 장난감의 건전지를 ○○해 주세요.

정답: 교체

자기 생각을 실제로 해 나가는 능력.

계획한 대로 해내는 ○○○이 대단해!

정답: 실행력

어휘력 발달 초성 낱말 찾기 퍼즐

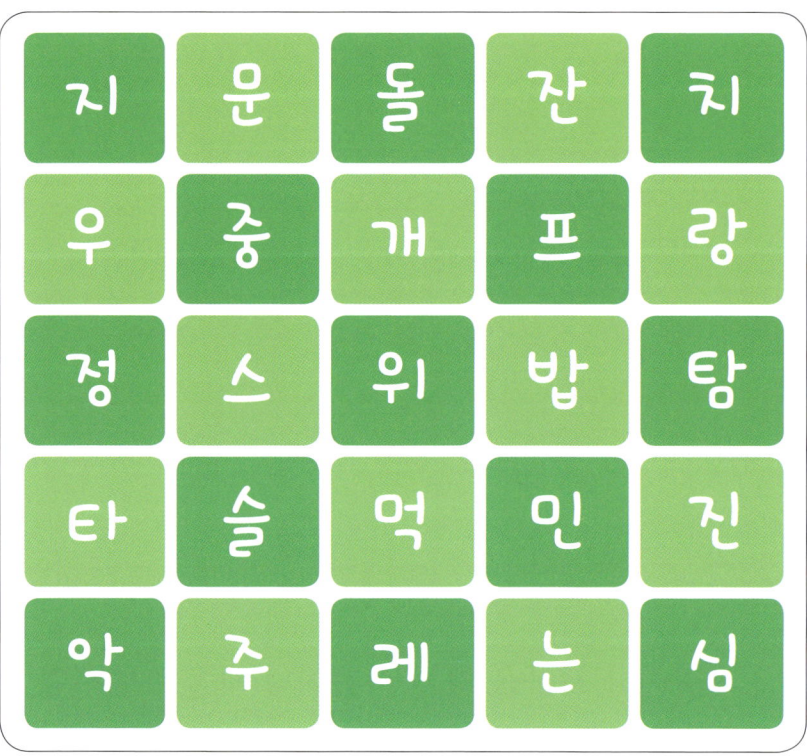

1 친구 사이의 사랑. 오성과 한음의 ○○

2 거짓이 없는 참된 마음이에요.

3 주먹처럼 동그랗게 뭉쳐서 만든 밥 덩어리예요.

4 아기가 태어나서 처음 맞는 생일잔치.

정답 : 1.우정 2.진심 3.주먹밥 4.돌잔치

초성을 보고 알맞은 낱말을 찾아 □로 묶으세요.

1 음식을 먹을 때 사용하는 한 쌍의 기다란 물건.
2 아직 다 자라지 않은 어린 닭.
3 설날을 맞이하여 새로 장만해 입는 옷.
4 해 뜰 때나 해질 때 하늘이 햇빛에 물드는 현상.

정답 : 1.젓가락 2.병아리 3.설빔 4.노을

어휘력 발달 초성 낱말 사다리

? 졸릴 때 절로 입이 벌어지면서 하는 깊은 호흡을 무엇이라고 할까요?

| ㅂㄱ | ㅅㅎㅎ | ㅂㅅㅎㅎ | ㅎㅍ |

꽝 ( ) 꽝 꽝

물이: 뭄하

알맞은 초성을 골라 사다리를 타요. 정답을 (   )에 적어 보세요.

❓ 사람이나 사물, 현상 등을 자세히 살펴보는 것을 뜻하는 말이에요. 무엇일까요?

ㅈ ㅊ　　ㄱ ㅊ　　ㅎ ㅁ ㄱ　　ㅇ ㅎ

꽝　　꽝　　(　　)　　꽝

정답 : 관찰

초성 낱말 퍼즐 단계

가로 길잡이 ➡

1. 바다 동물, 철새 등의 연구를 위해 붙여서 인식되는 표. 번호, 이름을 적은 ○○○를 달아 놓아요.
4. 유명한 그림. 미술관에 가서 ○○를 감상해요.
6. 자기보다 잘되거나 나은 사람을 미워하고 싫어함. 예쁜 친구를 ○○해요.
7. 좋은 점과 나쁜 점을 함께 나타낸 말. 누구에게나 ○○○이 있어요.
9. 새의 보금자리. 어미 새가 ○○에서 알을 품어요.
10. 종이돈이 아닌 구리로 만든 동그란 돈. 백 원짜리 ○○!

세로 길잡이 ⬇

2. 집 밖에 나가 사 먹는 식사. 생일날 가족끼리 ○○을 해요.
3. 불을 끄는 기구. 화재에 대비해 ○○○ 사용법을 익혀요.
5. 초를 재는 시계. ○○○로 달리기 기록을 재요.
8. 오르내리기 위하여 건물이나 비탈에 만든 층계. 엘리베이터를 타지 않고 ○○으로 걸어서 올라가요.

가로세로 길잡이 글을 잘 읽고 초성 낱말 퍼즐을 완성해 보세요.

초성 낱말 퍼즐 단계

가로 길잡이 ➡

1 생물의 한 종류가 아주 없어진다는 뜻.
  천연기념물이 ○○ 위기에 놓였어요.
3 화요일과 목요일 사이의 요일.
4 직선이 아닌 구부러진 선. ○○은 부드러운 느낌이에요.
6 물건의 가치를 돈으로 나타낸 것.
  이 옷은 ○○이 비싸요. 싼 ○○.
7 병이 나거나 사고가 나기 전에 미리 방지함.
  ○○ 주사를 맞아요.
8 바다에 사는 가장 큰 동물.

세로 길잡이 ⬇

2 사물을 어떤 기준에 따라 분류하거나 나누는 갈래.
  음식을 ○○별로 식판에 나눠 담아요.
3 숫자를 표시한 직선. 1부터 10까지 ○○○에 나타내요.
5 한집안의 가족. 또는 온 가족.
  자동차를 타고 가던 ○○○이 사망하였어요.
8 고되고 어려움. 젊어 ○○은 사서도 한대요.

초성 낱말 퍼즐  단계

가로 길잡이

1 고춧가루를 넣어 맵게 담근 장.
4 울 것 같은 얼굴 표정. 동생은 ○○을 지었어요.
7 센박과 여린박이 규칙적으로 되풀이되면서 형성되는 리듬의 기본적 단위.
악보를 보고 ○○에 맞춰 노래해요.
9 늦은 가을. ○○○이 지나면 겨울이 와요.

세로 길잡이

2 가꾼 곡식이나 과일을 거둬들이는 일. 농부가 ○○를 해요.
3 눈언저리의 속눈썹이 난 곳.
울음을 참자 ○○○이 붉어져요.
5 놀라서 크게 지르는 소리. 깜짝 놀라 ○○을 질렀어요.
6 자세하게 조사하고 검토해서 당락 따위를 결정함.
작품을 ○○해요. 동시 ○○ 위원을 소개합니다.
8 알파벳에서, 큰 체로 된 글자.
A, B, C……는 ○○○, a, b, c……는 소문자.
10 늘, 자주가 아니라 띄엄띄엄, 종종.
○○ 피자를 시켜 먹어요.

가로세로 길잡이 글을 잘 읽고 초성 낱말 퍼즐을 완성해 보세요.

초성 낱말 퍼즐 단계

가로 길잡이 ➡

1 처음이나 마지막, 둘레가 아닌 중간.
   운동장 ○○○로 모여라!
3 어린아이를 재우기 위해 부르는 노래.
5 돌이나 나무에 사람 얼굴을 새겨 마을 어귀에 세운 푯말. ○○이 마을을 지킨다고 믿어요.
6 남의 힘을 빌리지 않고 제 손으로 직접 한다는 뜻.
   마음을 담아 ○○ 만든 선물이에요.
8 월요일의 다음 날.

세로 길잡이 ⬇

2 운동을 하는 넓은 마당.
4 눈썹 모양의 달.
   보름달, 반달, ○○○.
7 운동 경기를 직업으로 하는 사람.
   내 꿈은 축구 ○○가 되는 거예요.
8 그림을 그리는 사람. 유명한 ○○가 그린 그림이에요.
9 우선 먼저. 배가 고프니 ○○ 먹고 보자.

가로세로 길잡이 글을 잘 읽고 초성 낱말 퍼즐을 완성해 보세요.

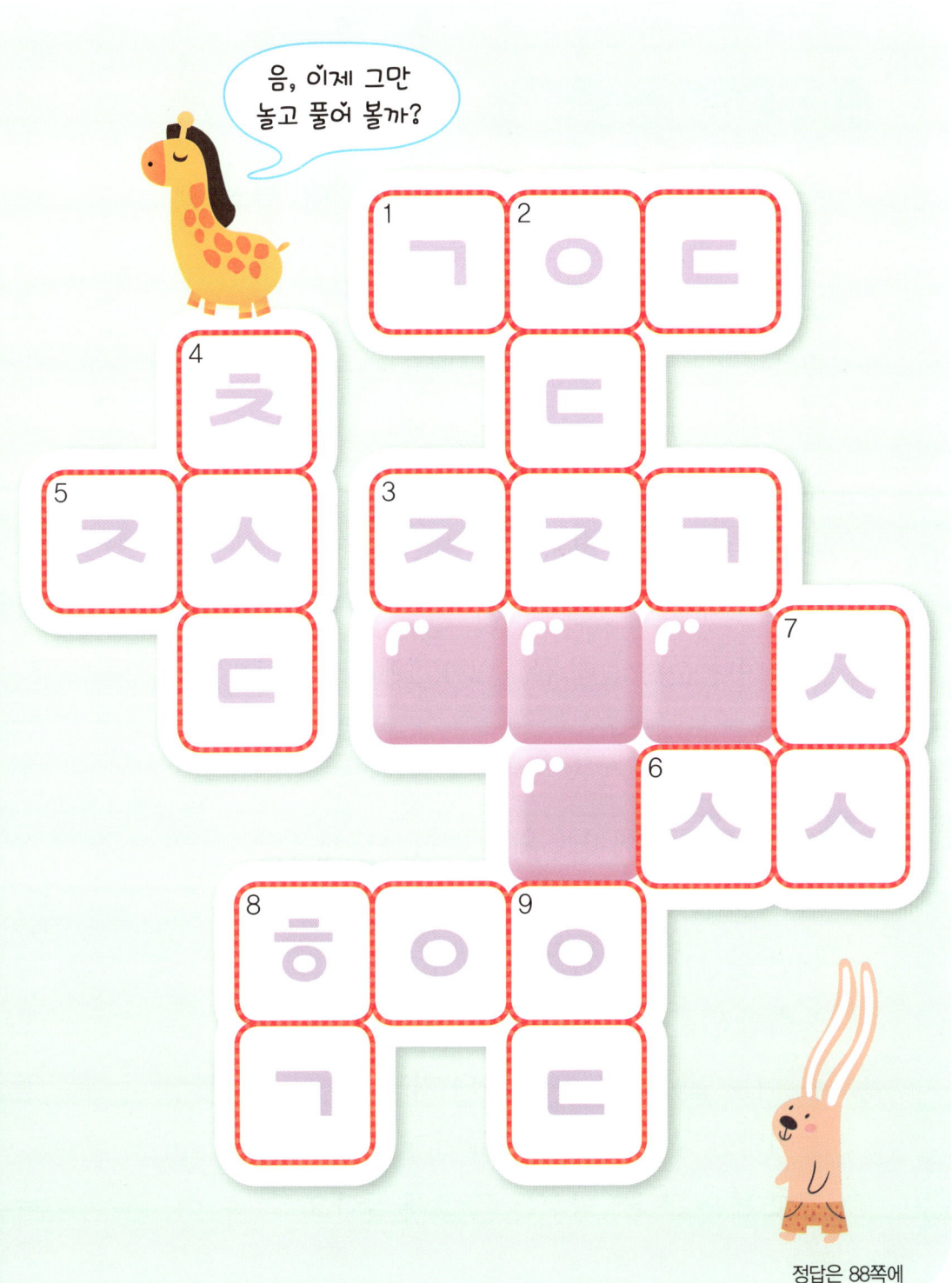

초성 낱말 퍼즐 10 단계

가로 길잡이 ➡

1 온갖 종류의 책을 모아 두고 일반 사람이 읽을 수 있게 한 곳. ○○○에서 책을 빌려 왔어요.

4 과학을 전문으로 연구하는 사람. 우주 ○○○가 로켓을 연구해요.

5 부탁하는 일을 하도록 들어줌. ㉯승낙, 허가. 엄마 ○○을 받고 놀러 가자.

6 움직여서 장소를 바꿈. 모두 과학실로 ○○하세요.

8 시간이나 순서상 맨 끝. ○○○에 나간 사람 누구니?

세로 길잡이 ⬇

2 오랫동안 되풀이하여 저절로 익혀진 행동. 나쁜 ○○이 몸에 배었어요. ㉯버릇.

3 어떤 원인으로 생긴 결말. 노력한 덕분에 좋은 ○○가 나왔어요.

5 숨 쉬는 일을 하는 우리 몸의 기관. 들이마신 공기가 ○○로 들어가요. ㉯폐.

7 깊고 넓은 큰 굴. 박쥐는 ○○에 살아요.

가로세로 길잡이 글을 잘 읽고 초성 낱말 퍼즐을 완성해 보세요.

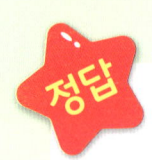

정답

6단계

	[2]외				[3]소
[1]인	식	표		[4]명	화
			[5]초		기
			[6]시	샘	
	[8]계		계		
[7]장	단	점			
			[9]둥	지	
	[10]동	전			

7단계

[1]멸	[2]종				
	류				
		[3]수	요	[5]일	
		직		[6]가	격
	[4]곡	선		족	
	[7]예	방		[8]고	래
				생	

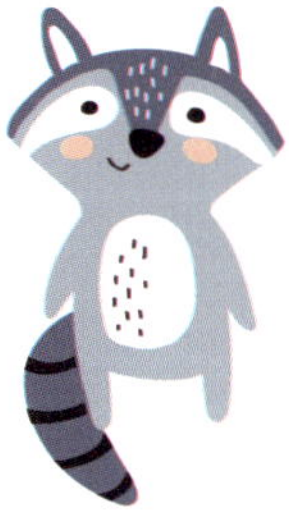

8단계

		[1]고	[2]추	장	
			수		
[3]눈		[5]비		[6]심	
시		명		사	
[4]울	상				[8]대
					문
[9]늦	[10]가	을		[7]박	자
	끔				

9단계

		[1]가	[2]운	데	
	[4]초		동		
[5]장	승	[3]자	장	가	
	달				[7]선
				[6]손	수
	[8]화	요	[9]일		
	가		단		

10단계

		[2]습		[3]결		
[1]도	서	관		[4]과	학	자
	[5]허	락		[6]이	[7]동	
	파				굴	
		[8]마	지	막		

창의력 발달 초성 미로

초성을 보고 정답을 써 보세요.

1 자기 혼자만 갈 수 있는 나라는?

2 매일 아침 엄마들이 만드는 나라는?

1. ㄲ ㄴ ㄹ
2. ㅇ ㅇ ㄴ ㄹ

정답: 꿈나라, 용아나라

어휘력 발달 초성 낱말 찾기 퍼즐

1 짠맛이 나는 검은색 액체. 음식의 간을 맞출 때 써요.
2 한쪽 다리를 손으로 잡고 한 발로 뛰면서 상대를 밀어뜨리는 놀이.
3 물가나 물속에서 노는 일.
4 봄과 가을 사이에 있는 계절. 찌는 듯이 더워요.

정답 : 1.간장 2.닭싸움 3.물놀이 4.여름

초성을 보고 알맞은 낱말을 찾아 ⬚로 묶으세요.

1 ㄱㅊ   2 ㅈㅅㅎ   3 ㅎㄴ   4 ㅇㅈㅇ

1 비늘이 전혀 없는 은빛 물고기. 가늘고 길어요.
2 물속을 다니며 전투를 하는 배.
3 바닷속에 들어가 해산물 따는 일을 하는 여자.
4 뼈가 없이 머리, 몸통, 다리로 이루어진 바다 동물.
  다리가 모두 10개예요.

정답 : 1.갈치 2.잠수함 3.해녀 4.오징어

어휘력 발달 초성 낱말 사다리

❓ 음력 8월 15일로, 햇과일과 햅쌀로 음식을 만들어 차례를 지내요. 어떤 명절일까요?

정답: 추석

알맞은 초성을 골라 사다리를 타요. 정답을 (   )에 적어 보세요.

❓ 사람들 사이에 전해 내려오면서 우리 생활과 풍속이 잘 나타난 놀이를 무엇이라고 할까요?

ㅌㅊ   ㄴㄸㄱ   ㅁㅅㄴㅇ   ㅇㄱ

꽝   (   )   꽝   꽝

정답 : 민속놀이

초성 낱말 퍼즐 단계

가로 길잡이

1. 기분이 상하게 비꼬며 꾸짖는 일.
   그것도 못 하냐며 ○○을 주었어요.
3. 먹고 난 뒤의 그릇을 씻어 정리하는 일.
   엄마가 부엌에서 ○○○를 해요.
5. 좋은 점과 나쁜 점을 함께 이르는 말.
   누구에게나 ○○○이 있어요.
6. 국이나 찌개의 건더기를 제외한 물.
   ○○은 안 먹고 건더기만 건져 먹어요.

세로 길잡이

2. 좋은 일이 있을 때에 음식을 차려 놓고 여럿이 모여 즐기는 일. 친구들을 초대해 생일○○를 했어요.
4. 모르는 곳을 찾아갈 때에 필요한 물건. 김정호가 유명.
   학교 위치를 ○○에 표시해요.
5. 가로막아서 거치적거리게 하는 사물.
   체육 시간에 ○○○ 달리기를 했어요.
6. 나라를 대표하는 도장.
   임금님은 문서에 ○○를 찍었어요.

가로세로 길잡이 글을 잘 읽고 초성 낱말 퍼즐을 완성해 보세요.

초성 낱말 퍼즐 단계

가로 길잡이

1. 몸무게가 지나치게 많이 나감.
   ○○○이라 다이어트를 해요.
3. 절제함이 없음.
   ○○○한 생활을 하면 건강이 나빠져요. ⓔ절제.
4. 물을 건너다닐 수 있게 만든 시설물. ○○를 놓았어요.
6. 국악에서, 곡조의 빠르고 느린 정도를 뜻하는 말.
   ○○를 느끼며 자진강강술래를 불러 보아요.

세로 길잡이

2. 몸의 허리 윗부분. ○○를 굽혀 인사해요. ⓔ하체.
3. 사람이나 짐승 따위가 모여서 뭉친 한 동아리.
   얼룩말은 ○○를 지어 이동해요.
4. 마음을 굳게 가다듬고 정함.
   공부를 열심히 하겠다고 ○○해요.
5. 정해진 한도를 넘지 못하게 막음.
   ○○ 구역으로 가지 말아요.
7. 여러 사람에게 식사를 나누어 주는 일.
   ○○ 당번이 반찬을 담아 줘요.

가로세로 길잡이 글을 잘 읽고 초성 낱말 퍼즐을 완성해 보세요.

정답은 104쪽에

초성 낱말 퍼즐  3 단계

가로 길잡이

1 남의 일을 간섭하고 막아 해를 끼침.
도움은커녕 ○○만 돼요. 🔵훼방.

3 특별한 일이 없는 평소의 생활.
뛰어난 발명가는 ○○○○에서 힌트를 얻어요.

4 한 나라를 다스리는 기관 전체를 가리키는 말.
○○에서 새로운 정책을 발표했어요.

6 자기가 사는 집의 근처.
우리 ○○에는 개를 키우는 집이 많아요.

8 서로 뜻이 맞고 정다움. ○○한 가정.

세로 길잡이

2 생명이나 신체, 재산, 명예 등에 해를 당함.
폭우로 큰 ○○를 입었어요.

3 전체를 여럿으로 나누었을 때 한 부분.
건물 ○○가 물에 잠겼어요.

5 몸을 움직여 행동함.

7 먹은 음식을 분해하여 영양분을 흡수시키는 일.
○○가 다 되어 배가 고파요.

가로세로 길잡이 글을 잘 읽고 초성 낱말 퍼즐을 완성해 보세요.

초성 낱말 퍼즐  단계

가로 길잡이 →

2 텔레비전, 컴퓨터 등에서 그림이나 영상이 나타나는 면.
우리 집 텔레비전은 ○○이 커요.

3 풀이나 나무 따위가 잘 자라 우거져요.
풀이 ○○하게 자랐어요.

4 습기가 많은 축축한 땅. 이끼는 ○○에서 잘 자라요.

5 길, 전화, 전신 따위를 완성하거나 이어 통하게 함.
전화는 아직 ○○되지 않았어요. ❷불통.

7 일이 되어 가는 경로. 식물이 자라는 ○○을 관찰해요.

세로 길잡이 ↓

1 탈처럼 얼굴을 가리는 것.
○○을 쓰니 누군지 모르겠어요.

2 태양에서 네 번째로 가까운 행성.
수성, 금성, 지구, ○○, 목성…….

3 공중의 물방울이 햇빛을 받아 나타나는 일곱 빛깔.

6 어떤 것을 거쳐서 지나감. 액체가 거름종이를 ○○해요.

8 산이나 높은 지대의 맨 꼭대기.
오늘 등산의 목표는 ○○까지 올라가는 거예요!

가로세로 길잡이 글을 잘 읽고 초성 낱말 퍼즐을 완성해 보세요.

초성 낱말 퍼즐 단계

가로 길잡이 ➡

2 가까이 다가감. 태풍이 우리나라로 ○○해 오고 있어요.
4 푸른 빛깔이 나는 도자기. 고려 ○○가 유명해요.
5 사람을 청해서 부름. 생일에 친구들을 ○○해요. 🔴초청.
7 식물의 씨, 또는 씨앗.
   새로운 벼의 ○○를 개발했어요.

세로 길잡이

1 음식을 차려서 접대함. 극진히 ○○했어요. 🔴접대.
3 일을 한 소득으로 생활하는 사람을 가리킴.
   공사장에서 ○○○가 일해요. 🔴노동자.
4 지저분한 곳을 쓸고 닦으며 치움.
   내 방 ○○는 내가 해요.
5 사람을 부르는 신호로 울리는 종.
   대문에서 ○○○을 눌러요.
6 한정된 땅이나 일정 구역.
   ○○가 높은 곳에 올라 내려다보아요.
8 일정한 일을 하는 데 필요한 조건이나 능력.
   엄마는 한식 요리사 ○○증을 땄어요.

가로세로 길잡이 글을 잘 읽고 초성 낱말 퍼즐을 완성해 보세요.

1단계

핀 잔
　　치
설 거 지
　　도
　　장 단 점
　　애
　　국 물
　　새

2단계

　　상
과 체 중
　　
무 절 제
다 리 한 배
짐 　 　 식

3단계

　　피
방 해
　　
　일 상 생 활
정 부 　 　 동 네
　　　소
　　　화 목

4단계

　　　가
　　화 면
　　무 성
습 지
　　개 　 통
　　과 정
　　　　상

5단계

대 　 　 지
접 근 　 초 대
　　로 　 인
청 자 　 종 자
소 　 　 　 격

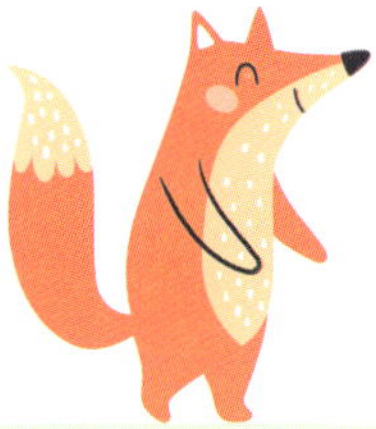

창의력 발달 초성 속담 퀴즈   초성을 보고 정답을 써 보세요.

| ㅈ | ㄹ | ㅇ | ㄲ | ㅌ |

○○○도 밟으면 ○○한다.

정답: 지렁이, 꿈틀

| ㄱ | ㅂ | ㅇ |

○○○도 구르는 재주가 있다.

정답: 곰팡이

| ㄷ | ㅁ | ㅂ | ㄴ | ㄷ |

○○ 삼키고 쓰면 ○○○.

정답: 달면, 뱉는다

| ㅇ | ㅇ | ㄱ |

소 잃고 ○○○ 고친다.

정답: 외양간

어휘력 발달 초성 낱말 찾기 퍼즐

1 달리거나 일이 진행되는 빠르기.

2 새가 곡식을 못 따 먹게 논밭에 사람 모양으로 세워 둬요.

3 선거에서 자기 생각을 표시하는 것. 보통 종이에 적어서 내요.

4 음력 1월 1일. 추석과 함께 우리나라 최대 명절.

정답 : 1.속도 2.허수아비 3.투표 4.설날

초성을 보고 알맞은 낱말을 찾아 ◯로 묶으세요.

1 목이 길고 네 다리가 가늘어요. 루돌프 ◯◯코.
2 겨울에 처마 밑에 길게 얼어붙은 얼음.
3 여러 사람이 이용하는 지하철, 버스 등의 교통수단.
4 콩을 갈아서 만든 하얗고 네모난 식품. 단백질이 풍부해요.

정답 : 1.사슴 2.고드름 3.대중교통 4.두부

어휘력 발달 초성 낱말 사다리

? 어떤 물질에 열을 가한다는 뜻의 말이에요. 무엇일까요?

ㄱㅇ   ㅎㄹ   ㄱㅅㄷ   ㄱㅊ

( )   꽝   꽝   꽝

정답 : 가열

알맞은 초성을 골라 사다리를 타요. 정답을 (   )에 적어 보세요.

초성 낱말 퍼즐 6 단계

가로 길잡이 ➡

1 선사 시대에 돌을 올려 만든 무덤. ○○○ 유적지.
4 어떠한 뜻을 나타내기 위하여 쓰이는 부호, 문자 등을 통틀어 이르는 말.
    □÷□는 나눗셈을 뜻하는 수학 ○○예요.
6 우리 편 군대. ○○이 적군을 물리쳤어요.
7 아기가 걸음을 익힐 때 발을 떼어 놓는 걸음걸이.
    아기가 벌써 ○○○를 시작해요.
9 잠긴 것을 여는 물건. ○○가 있어야 잠긴 문을 열어요.
10 물이 얼어서 굳어진 것. 뜨거운 물에 ○○이 녹아요.

세로 길잡이 ⬇

2 나이가 들어 늙은 사람. 젊은이. ○○을 공경해요.
3 아픈 사람을 보살피며 의사를 돕는 사람.
    ○○○가 주사를 놓아요.
5 개의 새끼. 어미 개가 ○○○를 낳았어요.
8 불규칙하게 뒤섞여 불쾌하고 시끄러운 소리.
    층간 ○○. 공사장에서 ○○이 들려요.

가로세로 길잡이 글을 잘 읽고 초성 낱말 퍼즐을 완성해 보세요.

초성 낱말 퍼즐 7 단계

가로 길잡이 ➡

1 책을 내는 일. 시인이 시집을 ○○해요. ㉫출간.
3 영양분이 있는 물질. ○○○가 파괴되면 안 돼!
4 선물이나 기념으로 물품을 거저 줌.
  섬마을 학교에 도서를 ○○해요. ㉫기부.
6 어떤 일을 하는 데 드는 돈.
  놀러 가려면 ○○이 많이 들어요. ㉫경비.
7 갑자기 매우 많이 내리는 비.
  기습 ○○로 산사태가 났어요. ㉫호우.
8 어떤 일이 생긴 그 자리. ○○ 학습을 가요. ㉫현지.

세로 길잡이 ⬇

2 물건을 파는 일. 30% 할인 ○○.
3 돈이나 물품 따위를 받은 사실을 표시하는 증서.
  현금 ○○○을 받아요.
5 돈이나 물자 등을 쓰는 모든 사람.
  ○○○가 있어야 장사가 되지요. ㉰생산자.
8 현재 실제로 존재하는 사실이나 상태.
  꿈에서 깨어 ○○을 파악해요.

가로세로 길잡이 글을 잘 읽고 초성 낱말 퍼즐을 완성해 보세요.

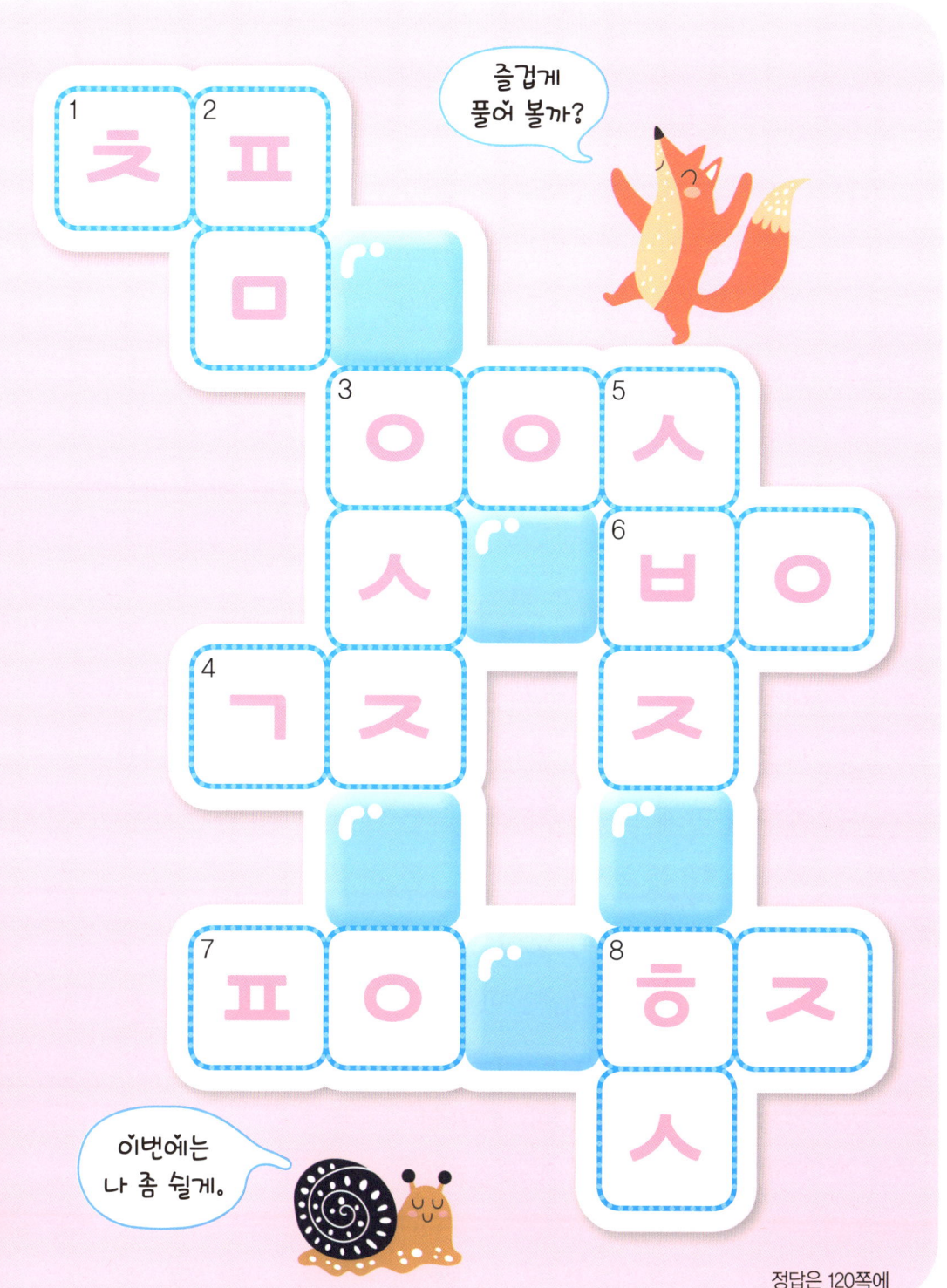

초성 낱말 퍼즐  단계

가로 길잡이

1 어떠한 경우에도 반드시. 그건 ○○○ 안 돼!
4 정성스럽고 진실하다는 뜻.
　근면하고 ○○한 사람이 되어요.
7 덮는 물건. 어둠상자의 ○○를 완전히 닫아요.
9 전혀 그렇지 않다, 절대 그럴 수 없다는 뜻.
　준호가 훔쳤다고? ○○○, 걘 절대로 그럴 애가 아니야.

세로 길잡이

2 대상의 자리를 바꿔 맡음. 동생 ○○ 제가 갈게요.
3 드물거나 제한되어 적은 상태. ○○○ 때문에 비싸요.
5 계산이 맞게 되었는지 검토하는 계산.
　문제를 다 푼 뒤에는 꼭 ○○을 하렴.
6 서로 맞부딪치거나 맞서는 상태.
　두 대의 자동차가 ○○하는 사고가 발생했어요.
8 틀린 글자나 그림을 지우는 물건.
10 가정하여 미리 생각함. 만일.
　○○ 내일 비가 오면 취소해요.

가로세로 길잡이 글을 잘 읽고 초성 낱말 퍼즐을 완성해 보세요.

초성 낱말 퍼즐 9 단계

가로 길잡이 →

1. 마음이나 뜻을 굳게 가다듬다. 마음을 ○○○.
3. 많이 찬성하는 사람의 의견으로 결정하는 일.
   투표를 하여 ○○○로 정해요.
5. 말, 태도, 규칙 등이 매우 엄하고 철저함.
   우리 아버지는 무척 ○○해요.
6. 아끼지 않고 헤프게 씀.
   ○○가 심해 용돈이 늘 모자라요.
8. 실험하는 데 쓰임. 이건  쥐야.

세로 길잡이 ↓

2. 땅속에 있는 물. 바위 밑으로 ○○○가 흘러요.
4. 단체 경기에서, 상대편을 공격하는 선수.
   용감한 ○○○가 점수를 따내요. ㉝수비수.
7. 옳고 그름을 따짐.
   이유 없이 ○○를 거는 사람도 있어요.
8. 뜻한 대로 되지 아니하거나 그르침.
   또 ○○하면 끝장이에요. ㉝성공.
9. 개인이 자유롭게 쓰는 돈. 엄마, ○○ 좀 올려 주세요!

초성 낱말 퍼즐 10 단계

가로 길잡이 →

1. 인정이 전혀 없음.
   우리 동네 구두쇠 아저씨는 정말 ○○○해요.
4. 추상적인 개념을 구체적으로 나타낸 물체.
   판문점에 평화의 ○○○을 세우기로 했어요.
5. 나뉘거나 어긋난 것을 하나로 뭉침.
   남북 ○○은 우리의 소망이에요.
6. 일정한 방향으로 나아가던 파동이 부딪혀 방향을 바꾸는 현상. 햇빛은 거울에 ○○되어요.
8. 여러 반찬을 넣어 비벼 먹는 밥.

세로 길잡이 ↓

2. 꼭 붙어 있거나 붙어 있게 하는 것.
   액자가 흔들거리지 않게 ○○을 시켜요.
3. 뜨거운 열기로 상처를 입음.
5. 아픔을 느끼는 증상. ○○이 심하면 진통제를 먹어라.
7. 아버지의 친형제 자매의 아들이나 딸과 나의 촌수.
   '○○이 땅을 사면 배가 아프다'는 속담이 있어요.

가로세로 길잡이 글을 잘 읽고 초성 낱말 퍼즐을 완성해 보세요.

6단계

- ²노
- ¹고 인 돌
- ³간
- ⁴기 호
- ⁵강 사
- ⁶아 군
- ⁸소 지
- ⁷걸 음 마
- ⁹열 쇠
- ¹⁰얼 음

7단계

- ¹출 ²판
- 매
- ³영 양 ⁵소
- ⁴수 ⁶비 용
- 기 증 자
- ⁷폭 우 ⁸현 장
- 실

8단계

- ¹절 대 로
- 신
- ³희 ⁵검 ⁶충
- 소 산 돌
- ⁴성 실 ⁸지
- 우
- ⁹천 ¹⁰만 에 ⁷덮 개
- 약

9단계

- ¹다 ²지 다
- ⁴공 하
- ⁵엄 격 ³다 수 결
- 수 ⁷시
- ⁶낭 비
- ⁸실 험 ⁹용
- 패 돈

10단계

- ²고 ³화
- ¹몰 인 정 ⁴상 징 물
- ⁵통 일 ⁶반 ⁷사
- 증 촌
- ⁸비 빔 밥

창의력 발달 초성 낱말 퀴즈 초성을 보고 정답을 써 보세요.

서로 다른 특성에 차이를 두어서 구별함.

남녀평등 시대예요. ○○하지 마세요!

정답 : 차별

어떠한 일을 이루고자 하는 마음.

이야, 하려는 ○○가 대단하구나!

정답 : 의지

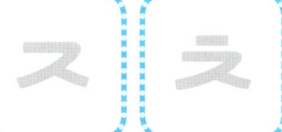

빨리하도록 조름.

알아서 할 테니 자꾸 ○○하지 마세요.

정답 : 재촉

어휘력 발달 초성 낱말 찾기 퍼즐

1 우리나라의 국가. 동해물과 백두산이~.
2 동서남북 방향을 알려 주는 물건.
3 남한과 북한이 하나가 되는 것. 우리의 소원은 ○○.
4 가을에 식물의 잎이 말라서 떨어져요.

초성을 보고 알맞은 낱말을 찾아 ▭로 묶으세요.

1 길게 뽑은 흰떡을 일정한 길이로 자른 것.
2 돈이나 물건을 몹시 아끼는 사람.
3 비타민C가 풍부한 귤과 밀감을 말해요.
4 못 쓰게 된 물건을 가공하여 다시 쓰는 일.

정답 : 1.가래떡 2.구두쇠 3.감귤 4.재활용

어휘력 발달 초성 낱말 사다리

? 상한 음식을 먹으면 생기는 병이에요.
배가 아프고 설사를 해요. 무슨 병일까요?

ㅂㅌ   ㅅㅅㅂ   ㅅㅈㄷ   ㅈㅇ

꽝   꽝   꽝   (   )

정답 : 식중독

알맞은 초성을 골라 사다리를 타요. 정답을 (　　)에 적어 보세요.

❓ 도로에 사람들이 건너다닐 수 있도록 표시를 하고 안전표지를 설치한 길이에요. 무엇이라고 할까요?

ㅈ ㅊ　　ㄱ ㅊ　　ㅎ ㄷ ㅂ ㄷ　　ㅇ ㅎ

(　　)　꽝　　꽝　　꽝

정답 : 횡단보도

초성 낱말 퍼즐 단계

가로 길잡이 →

1   겉으로 드러나 보이는 모습.
    사람은 ○○만 보고 판단하면 안 돼요.

3   숲에서 산책하며 숲 기운을 쐬는 일. ⓑ산림욕.
    소나무 숲에서 ○○○을 해요.

5   집안 살림의 수입과 지출을 적는 장부.
    어머니는 날마다 ○○○를 써요.

6   하려던 일을 도중에 그만둠.
    ○○하지 말고 끝까지 해요.

세로 길잡이

2   널리 알려서 사람, 작품 등을 뽑아 모음.
    합창단원을 ○○합니다!

4   남의 인격을 무시하는 모욕적인 말.
    ○○을 해 대며 싸우고 있어요.

5   수증기를 내어 실내의 습도를 조절하는 기구.
    ○○○를 틀어 습도를 높여요.

6   대포를 쏨. 적의 ○○으로 다리가 끊어졌어요.

가로세로 길잡이 글을 잘 읽고 초성 낱말 퍼즐을 완성해 보세요.

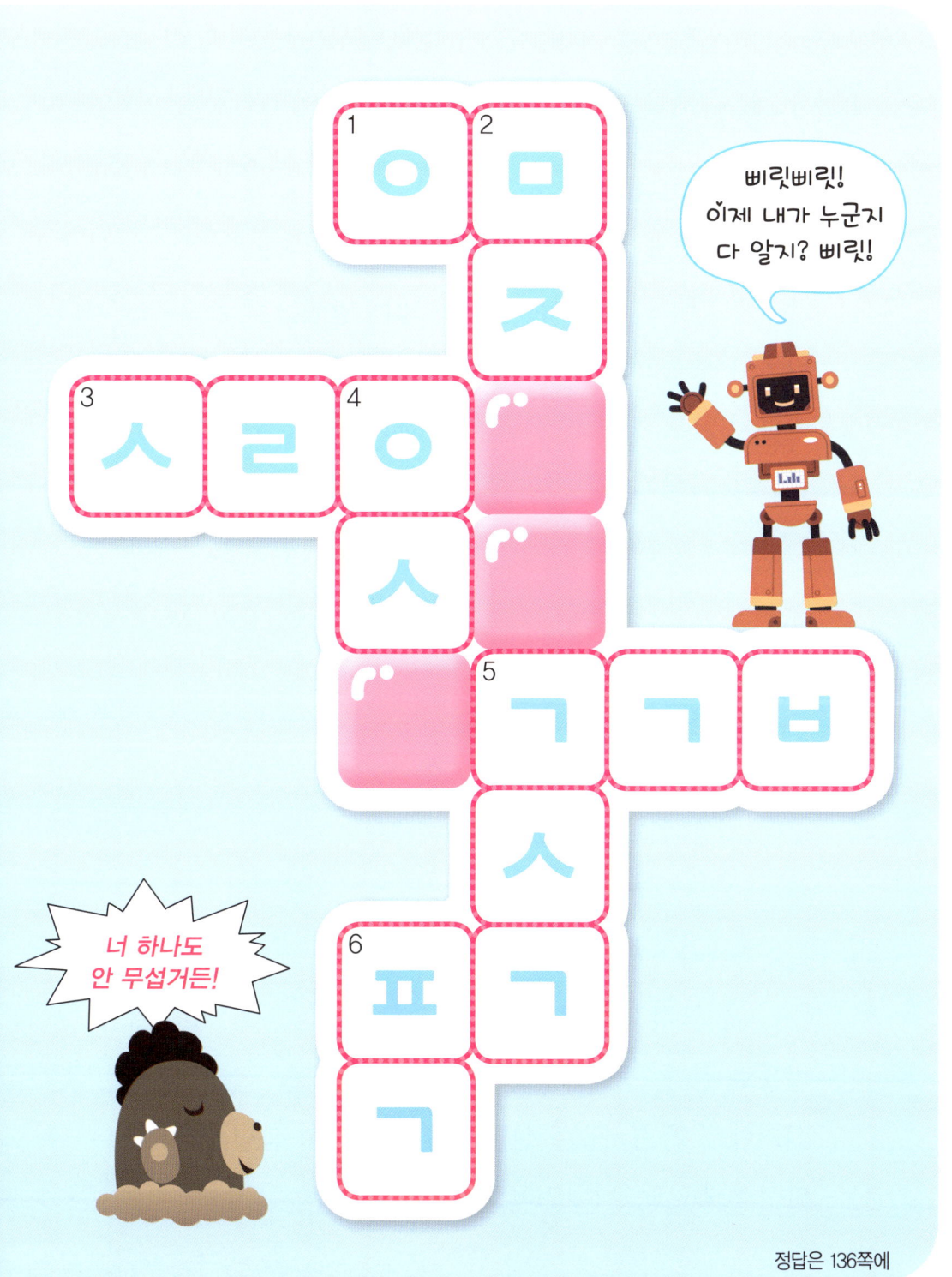

초성 낱말 퍼즐 단계

가로 길잡이

1. 아무런 뜻이나 생각이 없이.
   ○○○ 한 말이에요.
3. 악기를 연주할 때에 손가락을 쓰는 방법.
   리코더 부는 ○○○을 배워요.
4. 피하지 않고 정면으로 맞섬.
   삼단 높이뛰기에 ○○해요.
6. 생각이나 주장이 바르고 옳음. ○○한 대우를 요구해요.

세로 길잡이

2. 분수에 넘치게 탐내거나 누리려는 마음.
   놀부는 심술도 많고 ○○도 많아요. ○○꾸러기.
3. 기계나 자동차를 움직여 부림.
   삼촌이 ○○ 면허증을 땄어요.
4. 삼각형, 사각형, 원 따위를 이르는 말.
   ○○을 그려 보아요.
5. 법률로 정함. 광복절은 ○○ 공휴일이에요.
7. 선거에서 뽑힘. 또는 선발이나 심사에서 뽑힘.
   반장으로 ○○되었어요. 반낙선.

가로세로 길잡이 글을 잘 읽고 초성 낱말 퍼즐을 완성해 보세요.

초성 낱말 퍼즐 단계

가로 길잡이 ➡

1 유명한 그림. 미술관에 가서 ○○를 감상해요.
3 모든 식물에 대하여 정리하고 설명을 붙인 책.
   식물 이름을 ○○○○에서 찾아보아요.
4 졸릴 때, 절로 입이 벌어지면서 하는 깊은 호흡.
   졸리면 ○○이 나와요.
6 사람들 입에 오르내려 전해지는 말.
   ○○이라 확실하지 않아요.
8 슬기롭고 판단이 바르고 이치에 밝음.
   ○○한 생각이에요.

세로 길잡이

2 바뀌어서 달라짐.
   계절에 따라 나뭇잎 색깔이 ○○해요.
3 사람이 먹는 음식물을 통틀어 이르는 말.
   마트에 가면 엄마는 ○○ 코너, 나는 장난감 코너!
5 수치나 양이 줆. 농촌 인구가 ○○했어요.
7 생각이나 느낌을 말이나 몸짓으로 드러내어 나타냄.
   ○○이 서툴러요. 가족에게 사랑을 ○○해요.

가로세로 길잡이 글을 잘 읽고 초성 낱말 퍼즐을 완성해 보세요.

정답은 136쪽에

초성 낱말 퍼즐 4 단계

가로 길잡이 ➡

2 빙하에서 떨어져 나와 흘러 다니는 얼음덩어리.
  배가 ○○에 부딪치면 위험해요.

3 뜻밖에 일어난 불행한 일.
  질서를 지켜야 ○○가 줄어요.

4 남을 빈정거려 놀리는 말이나 몸짓.
  비겁한 선수에게 ○○를 보내요.

5 종이로 만든 돈. 지갑에 ○○가 들어 있어요.

7 무엇을 하기 위해 돈이 나감. 수입.

세로 길잡이 ⬇

1 사람이 자식을, 동물이 새끼를 낳는 것.
  고모가 아기를 ○○했어요. 비해산.

2 가로, 세로, 대각선으로 연결된 빈칸을 채우는 게임.
  나라 이름 맞히기 ○○ 게임을 해요.

3 개인이 소유한 땅. 반공유지.

6 실시하던 제도나 규칙 등을 그만두거나 없앰.
  시대에 맞지 않는 제도는 ○○해야 해요.

8 어떤 일을 처리하려고 다른 곳으로 나감.

가로세로 길잡이 글을 잘 읽고 초성 낱말 퍼즐을 완성해 보세요.

초성 낱말 퍼즐 단계

가로 길잡이

2 마음을 숨기고 겉으로 천연덕스러운 태도.
○○스럽게 웃고 떠들었어요.

4 어떤 일이 일어나거나 변화하도록 만드는 원인이나 기회. 어떤 ○○로 시작했나요?

5 무엇을 할 때 쓰는 연장, 수단, 방법.
원시인은 돌을 갈아 사냥 ○○를 만들었어요.

7 그 수는 포함되지 않은, 그 아래를 가리키는 말.
60 ○○인 수는 60보다 작은 수를 말해요.

세로 길잡이

1 하는 구실이나 작용을 함.
냉장고가 오래되니까 냉동 ○○이 떨어져요.

3 의사가 환자의 몸속 소리를 듣는 의료 기구.
○○○로 심장 소리를 자세히 들어요.

4 물이 흐르는 골짜기. 시원한 ○○으로 놀러 가요.

5 행사 안내를 맡거나, 봉사하는 사람.

6 말의 구절. 적당한 ○○를 찾아보아요.

8 마음에 흡족하여 모자람 없이 충분함.

가로세로 길잡이 글을 잘 읽고 초성 낱말 퍼즐을 완성해 보세요.

1단계

외 모
　 집
삼 림 욕
　 　 설
　 　 　 가 계 부
　 　 　 습
　 　 포 기
　 　 　 격

2단계

　 　 욕
　 무 심 코
　 　 　
　 　 운 지 법
　 도 전 　 정 당
　 형 　 　 　 선

3단계

　 　 변
명 화
　 　
식 물 도 감
하 품 　 소 문
　 　 표
　 　 현 명

4단계

　 　 출
　 빙 산
　 사 고
야 유
지 폐
　 지 출
　 　 장

5단계

기 　 　 어
능 청 　 도 구
　 진 　 우
계 기 　 미 만
곡 　 　 　 족

136

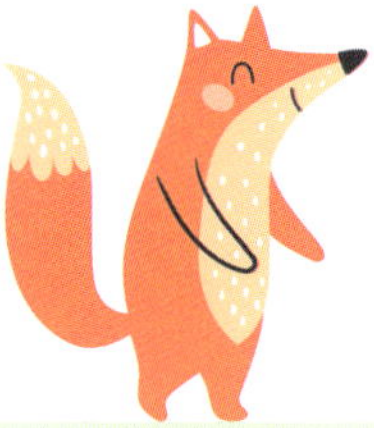

창의력 발달 초성 미로

초성을 보고 정답을 써 보세요.

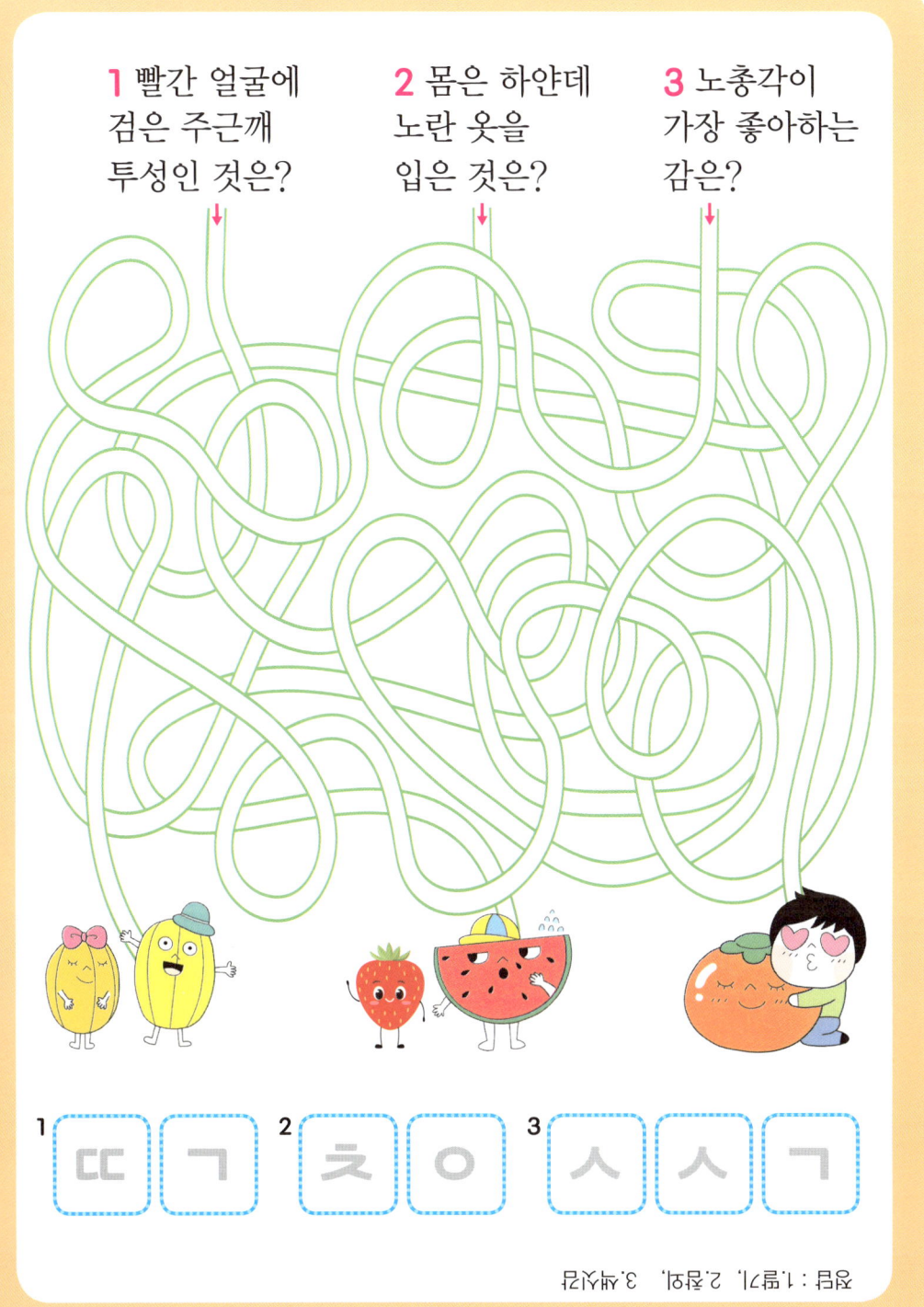

1 빨간 얼굴에 검은 주근깨 투성인 것은?

2 몸은 하얀데 노란 옷을 입은 것은?

3 노총각이 가장 좋아하는 감은?

1 ㄸ ㄱ   2 ㅊ ㅇ   3 ㅅ ㅅ ㄱ

정답 : 1. 딸기, 2. 참외, 3. 새색시감

어휘력 발달 초성 낱말 찾기 퍼즐

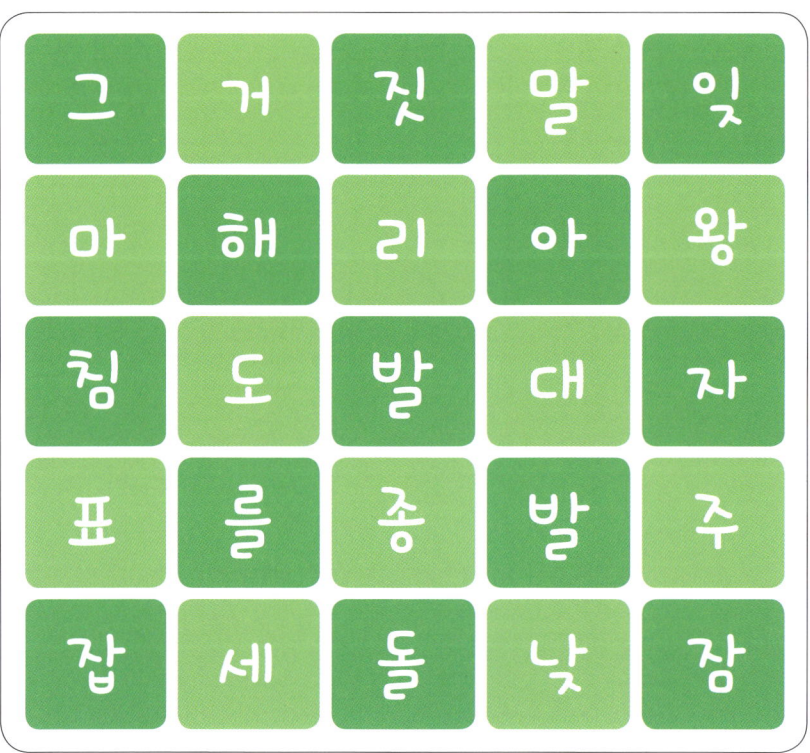

1 ㄱㅈㅁ 2 ㅁㅊㅍ 3 ㄴㅈ 4 ㅅㅈㄷㅇ

1 사실이 아닌 것을 진짜처럼 꾸며서 하는 말.
2 설명하는 문장 끝에 쓰는 부호. '온점'이라고도 해요.
3 낮에 잠깐 눈을 붙여 자는 잠.
4 한글을 만든 조선 시대 제4대 왕.

정답 : 1. 거짓말 2. 마침표 3. 낮잠 4. 세종대왕

초성을 보고 알맞은 낱말을 찾아 ▢로 묶으세요.

1 오랫동안 비가 오지 않아 메마른 날씨.
2 흰색과 검은색 건반으로 이루어진 악기.
3 겨우내 먹을 김치를 한꺼번에 담그는 일. 보통 겨울 초입에 담근다.
4 우유, 설탕, 달걀 등을 넣어서 크림 상태로 얼린 음식.

정답 : 1.가뭄 2.피아노 3.김장 4.아이스크림

어휘력 발달 초성 낱말 사다리

❓ 단체 경기에서 상대편의 공격을 적극적으로 막는 선수를 무엇이라고 할까요?

정답: 수비수

알맞은 초성을 골라 사다리를 타요. 정답을 (   )에 적어 보세요.

? 버릇처럼 오랫동안 되풀이하면서 저절로 익혀진 행동 방식을 무엇이라고 할까요?

ㅇㅅ   ㄴㅈ   ㅇㅈㄹ   ㅅㄱ

꽝   (   )   꽝   꽝

정답 : 습관

초성 낱말 퍼즐 6 단계

가로 길잡이 ➡

1 그날그날 자신이 겪은 일이나 느낌을 적는 공책.
   잠자리에 들기 전 ○○○을 펴고 일기를 써요.
4 점잖고 어질며 덕과 학식이 높은 사람.
   도덕○○는 남 탓을 하지 않아요.
6 태어나서 자란 곳. 추석날 ○○에 갑니다.
7 영화, 공연 등을 관람하려고 들어가면서 내는 요금.
   전시회를 보려면 ○○○를 내야 해요.
9 공중으로 뛰어올랐다가 땅으로 내리는 동작.
   공중제비를 마치고 ○○를 해요.
10 사실을 실제와 다르게 느끼거나 생각함.

세로 길잡이 ⬇

2 반질반질하고 매끄러운 기운. 머릿결에 ○○가 흘러요.
3 잎을 줄기나 가지에 붙게 하는 꼭지 부분.
   ○○○까지 떼어 내요.
5 수고한 대가로 받는 돈.
   ○○○로 받은 돈을 저축해요.
8 규모가 거대하고 성대함. ○○한 건물이 음악당이에요.

가로세로 길잡이 글을 잘 읽고 초성 낱말 퍼즐을 완성해 보세요.

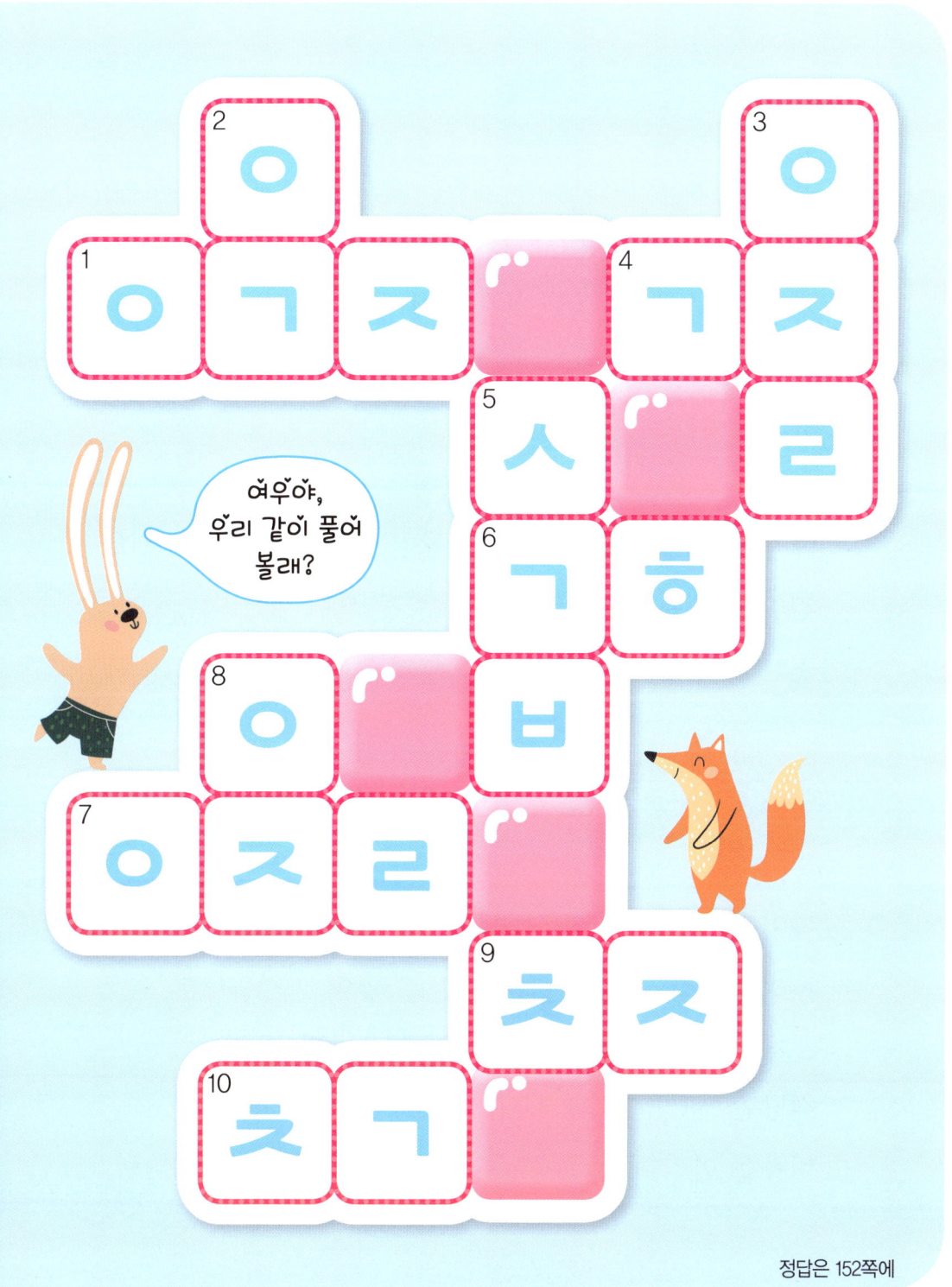

초성 낱말 퍼즐 7 단계

가로 길잡이 →

1. 곡류, 과채류 등의 씨나 모종을 심어 기르고 거두는 일.
   농부가 ○○를 지어요.
3. 자연이나 사람에게 피해를 주지 않음.
   농약을 치지 않은 ○○○ 식품.
4. 마주 대하고 말을 주고받음.
6. 어떻게 하겠다고 분명하게 정함.
   난 빨간 연필을 사기로 ○○했어!
7. 주위를 빙 둘러 에워쌈. 범인은 경찰에 ○○되었어요.
8. 병이 나거나 사고가 나기 전에 미리 방지함. ○○ 주사.

세로 길잡이 ↓

2. 동, 서, 남, 북 네 방위를 함께 이르는 말.
   밤이 되자 ○○이 어두워요.
3. 우리나라를 상징하는 꽃. ○○○꽃이 피었습니다.
5. 문제나 일을 해명하고 잘 처리하는 방법.
   적당한 ○○○을 찾아요.
8. 비용을 미리 헤아려 계산함. ○○에 맞춰 지출을 하렴.

초성 낱말 퍼즐 8 단계

가로 길잡이 ➡

1 처음부터 정해진 본래의 자리. 모두 ○○○에 앉아요.
4 전투 때 쓰는 쇠로 만든 모자. 부상병의 ○○를 벗겨요.
7 하던 임무에서 일정한 기간 동안 벗어나 쉼.
   여름 ○○ 때 가족 여행을 가요.
9 알맞은 정도로, 또는 마음먹은 대로.
   잠을 ○○○ 못 잤어요. 말을 ○○○ 좀 하렴.

세로 길잡이 ⬇

2 사물을 대할 때 가지는 마음가짐, 몸을 움직이는 모양.
   ○○를 똑바로 하렴. 무슨 일이든 할 ○○가 되었어요.
3 늘고 주는 탄력이 있는 나선형으로 된 쇠줄.
   ○○○을 눌렀다 놓으면 튀어 올라요.
5 잘못을 깨닫고 뉘우침. ○○하기 전에 잘 좀 해요.
6 글자나 그림을 아무 데나 함부로 씀. ○○ 금지.
8 그 분야를 많이 연구하여 지식과 경험이 많은 사람.
   경제 ○○○의 말씀을 들어보겠습니다.
10 남의 말을 그대로 받아들이지 않고 자신의 의사를 나타냄.
   엄마한테 말○○를 한다고 된통 혼났어요.

초성 낱말 퍼즐 9 단계

가로 길잡이 ➡

1 가시가 달린 쇠줄로 둘러친 울타리.
   남북은 ○○○으로 가로막혀 있어요.
3 기부금이나 성금을 모은 돈의 액수. ○○○이 많아요.
5 남을 골리기 좋아하거나 남이 잘못되는 것을 좋아하는
   마음보. 놀부는 ○○이 많아요.
6 목적을 이루려고 애를 씀. 피나는 ○○을 했어요.
8 한 나라에서 공용어로 쓰는 언어. 표준말.
   사투리 말고 ○○○를 사용해요.

세로 길잡이 ⬇

2 다른 이의 죽음을 슬퍼하는 뜻으로 내는 돈.
   장례식장에서 ○○○을 내요.
4 미술품을 전시하는 시설.
   그림을 감상하러 ○○○에 가요.
7 일을 해낼 수 있는 힘. ○○ 있는 사람을 뽑아요.
8 마음속 감정이 겉으로 드러나는 모습.
   밝은 ○○을 지어요.
9 어민들이 모여 사는 바닷가 마을.

가로세로 길잡이 글을 잘 읽고 초성 낱말 퍼즐을 완성해 보세요.

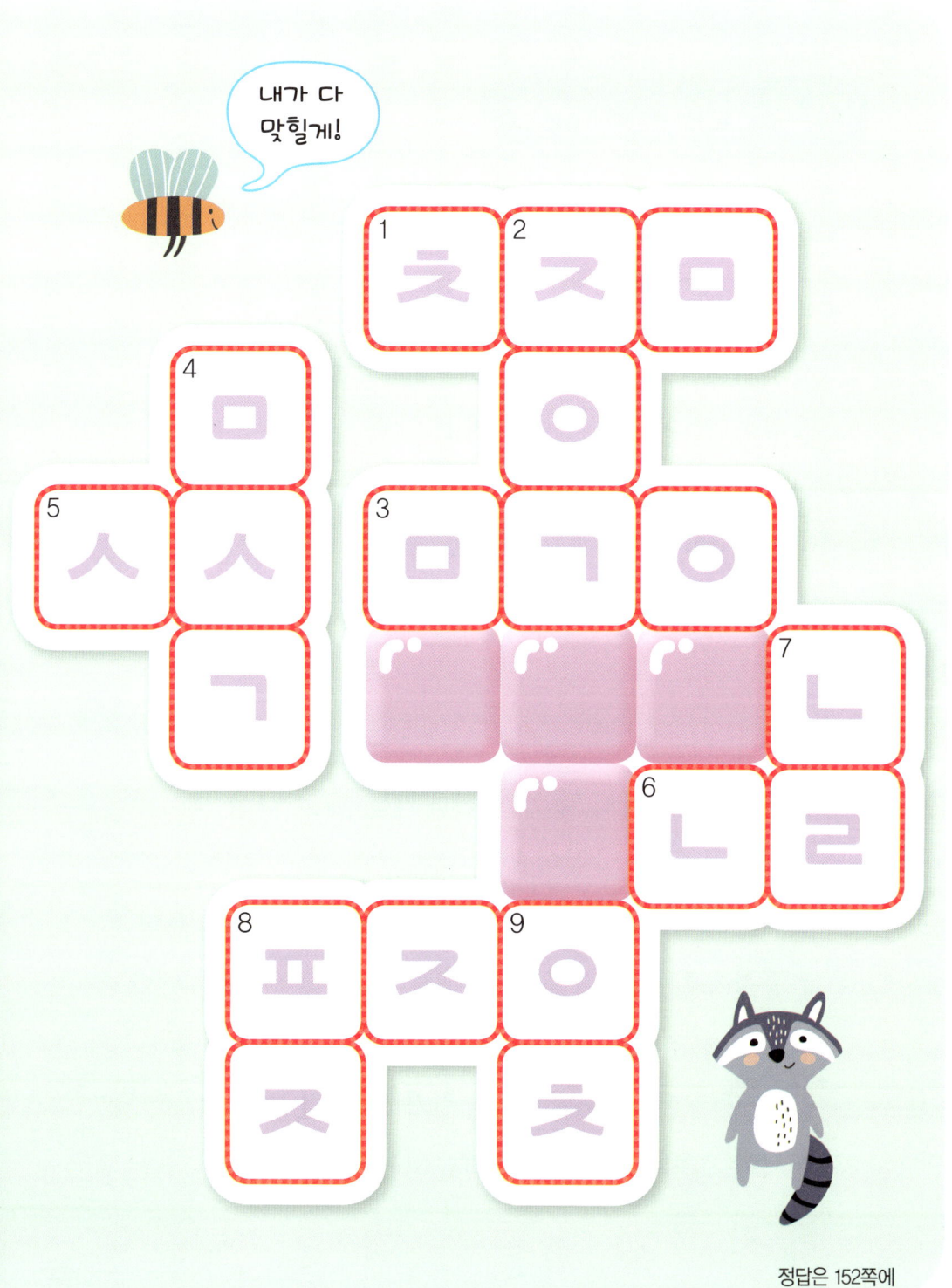

초성 낱말 퍼즐 10 단계

가로 길잡이

1. 생활 습관이 되거나 실생활에 옮겨짐.
   아빠는 운동이 ○○○되었어요.
4. 죽은 사람을 땅에 묻거나 화장하는 식.
5. 거짓이 없는 진짜 사실. ○○은 거짓을 이겨요.
6. 질병이 있나 없나 알아보려고 살핌.
   정기적으로 건강 ○○을 받아요.
8. 일본에 빼앗겼던 우리나라의 주권을 다시 찾은 날.
   8월 15일은 ○○○이에요.

세로 길잡이

2. 동물의 알 속에서 새끼가 껍데기를 깨고 나옴.
   병아리가 ○○되었어요.
3. 시멘트나 아스팔트로 덮어 길을 단단하게 다져 꾸밈.
   울퉁불퉁한 시골길을 ○○해요.
5. 냄새가 아주 심하게 나는 상태.
   땀 냄새가 ○○을 해요. 악취가 ○○을 해요.
7. 의사가 환자를 진찰하고 치료하는 일.

가로세로 길잡이 글을 잘 읽고 초성 낱말 퍼즐을 완성해 보세요.

6단계

- ¹일기장
- ²윤
- ³잎자루
- ⁴군수
- ⁵수고
- ⁶고향
- ⁸웅비
- 입장료
- ⁹착지
- ¹⁰착각

7단계

- ¹농사
- ²사방
- ³무궁
- ⁴대화
- ⁵해결
- ⁶결정책
- ⁷포위
- ⁸예방
- 예산
- 공해

8단계

- ¹제자리
- 자세
- ³용수
- ⁴철모
- ⁵후회
- ⁶낙서
- ⁷휴가
- ⁸전문가
- ⁹제대로
- ¹⁰대꾸

9단계

- ¹철조망
- 조의
- ⁴미술관
- 심
- ³모금액
- ⁷능력
- ⁶노력
- ⁸표준어
- ⁹정촌

10단계

- ¹생활화
- ²부화
- ³포장
- ⁴장례식
- ⁵진실
- 진동
- ⁶검진
- 진료
- ⁷광복절

창의력 발달 초성 속담 퀴즈
초성을 보고 정답을 써 보세요.

○ 쫓던 개 ○○ 쳐다본다.

정답: 닭, 지붕

발 없는 ○이 ○ ○ 간다.

정답: 말, 천 리

○○ 뀐 놈이 ○ 낸다.

정답: 방귀, 성

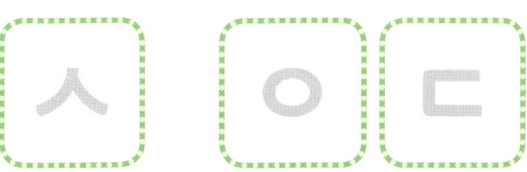

○ 살 버릇 ○○ 간다.

정답: 세 살, 여든

어휘력 발달 초성 낱말 찾기 퍼즐

1 불을 끄거나 불나지 않게 미리 막는 일을 하는 사람.
2 비 온 뒤에 하늘에 뜨는 일곱 가지 빛깔의 띠.
3 고운 돌 알갱이. 바닷가나 운동장에 깔려 있어요.
4 사람이나 동물 얼굴을 본떠 만들어서 얼굴에 써요.

정답 : 1.소방관 2.무지개 3.모래 4.가면

초성을 보고 알맞은 낱말을 찾아 ◯로 묶으세요.

1 ㅅㅎㄷ   2 ㅇㄱ   3 ㅇㅂ   4 ㄷㅈㅉㄱ

1 찻길에서 사람과 차에게 교통신호를 알려 주는 기계.
2 시력이 나쁠 때 잘 보이게 하기 위해 눈에 써요.
3 우리나라와 이웃한 섬나라예요. 수도는 도쿄.
4 된장을 풀고 각종 채소를 넣어서 자작하게 끓인 국물.

정답 : 1.신호등 2.안경 3.일본 4.된장찌개

어휘력 발달 초성 낱말 사다리

❓ 의사 선생님이 귀에 꽂고 환자의 속을 소리로 들여다보는 기계예요. 무엇일까요?

알맞은 초성을 골라 사다리를 타요. 정답을 (   )에 적어 보세요.

3, 4학년 어린이 여러분,
초성 낱말 퍼즐 재미있게 푸셨나요?
퍼즐 칸에 초성 글자가 있어서 낱말 퍼즐이
한결 쉽지요? 어휘력도 풍부해지고, 교과서
이해력도 쑥쑥 커지는 초성 낱말 퍼즐!
포기하지 않고 끝까지 마친 의지의
3, 4학년들에게 칭찬의 박수를, 짝짝짝!
더불어 손가락 하트 뿅뿅~!